João de Deus

HEATHER CUMMING e KAREN LEFFLER

João de Deus

O médium de cura brasileiro
que transformou a vida de milhões

Tradução:
Denise de C. Rocha Delela

Editora
Pensamento
SÃO PAULO

Título original: John of God.

Copyright © 2007 Heather Cumming e Karen Leffler.
Copyright da edição brasileira © 2008 Editora Pensamento-Cultrix Ltda.
1ª edição 2008.
5ª reimpressão 2016.

Publicado mediante acordo com Atria Books/Beyond Words, uma divisão da Simon & Schuster, Inc. Todos os direitos reservados. Nenhuma parte deste livro pode ser reproduzida ou usada de qualquer forma ou por qualquer meio, eletrônico ou mecânico, inclusive fotocópias, gravações ou sistema de armazenamento em banco de dados, sem permissão por escrito, exceto nos casos de trechos curtos citados em resenhas críticas ou artigos de revistas.

A Editora Pensamento não se responsabiliza por eventuais mudanças ocorridas nos endereços convencionais ou eletrônicos citados neste livro.

Foto da capa: Karen Leffler
Foto das autoras: Roger Kitzis
Design da capa: Janet Perr

Endereços eletrônicos das autoras:
Karen Leffler: Leffler@gmail.com
Heather Cumming: hcumming@aol.com

Dados Internacionais de Catalogação na Publicação (CIP)
(Câmara Brasileira do Livro, SP, Brasil)

Cumming, Heather
João de Deus : o médium de cura brasileiro que transformou a vida de milhões / Heather Cumming e Karen Leffler ; tradução Denise de C. Rocha Delela. — São Paulo : Pensamento, 2008.

Título original: John of God.
Bibliografia.
ISBN 978-85-315-1537-8

1. Cirurgia psíquica – Brasil 2. Cura pelo espírito e espiritismo – Brasil 3. Faria, João Teixeira de 4. Médiuns – Brasil – Biografia I. Leffler, Karen. II. Título.

08-02978	CDD-615.852092

Índices para catálogo sistemático:

1. Brasil : Médiuns : Terapia psíquica : Biografia e obra 615.852092

Direitos de tradução para o Brasil
adquiridos com exclusividade pela
EDITORA PENSAMENTO-CULTRIX LTDA.
Rua Dr. Mário Vicente, 368 – 04270-000 – São Paulo, SP
Fone: (11) 2066-9000 – Fax: (11) 2066-9008
E-mail: atendimento@editorapensamento.com.br
http://www.editorapensamento.com.br
que se reserva a propriedade literária desta tradução.
Foi feito o depósito legal.

"Eu ouvi e olhei com os olhos abertos.
Verti minha alma no mundo buscando o desconhecido no conhecido.
E canto em altos brados em meu assombro."

– Rabindranath Tagore, místico e poeta indiano (1861-1941)

Dedicamos este livro ao médium João Teixeira de Faria, mais conhecido como "João de Deus", e à falange de espíritos benevolentes e evoluídos que trabalham na Casa de Dom Inácio de Loyola, em Abadiânia, Goiás. A devoção deles à tarefa de ajudar o próximo e o amor que demonstram pela humanidade estão além da nossa compreensão. Por fim, dedicamos este livro ao Espírito que desperta em cada um de nós.

Um homem dedicar a vida à cura das outras pessoas sem esperar em troca nenhum tipo de bajulação é algo que deixa às claras a sua nobre humildade. Nossa oração, nosso livro, nossa canção é em resposta a essa dádiva impressionante que o Espírito Divino nos deixou aqui na Terra.

Que este livro possa, mesmo que modestamente, refletir de volta para o médium João e os seus guias espirituais o nosso imenso amor e gratidão pelas curas que estão além de qualquer medida.

Obrigada

Heather Cumming   Karen Leffler

Sumário

Apresentação 11

Introdução 13

Prefácio 17

1   O menino, o homem, o médium 23

2   Um dia na vida de João, o homem 29

3   Ana, a esposa do Médium João 41

4   O caminho para a Casa 57

5   A Casa de Dom Inácio de Loyola 89

6   O Salão Principal e as salas da corrente 97

7   Instrumentos, modalidades e orações 115

8   Viagens ao exterior 137

9   O Espiritismo e as Entidades 151

10 Curas milagrosas 173

Posfácio 223

Agradecimentos 227

Bibliografia e leituras recomendadas 229

Apresentação

Nenhuma de nós duas jamais pensou na idéia de um dia escrever um livro sobre João de Deus; contudo, no final de 2003, a Entidade nos disse, "Não só podem escrever um livro como devem!" E então começamos a nossa tarefa de documentar testemunhos das curas notáveis que ocorriam na Casa. Enquanto Heather reunia histórias, fotos de fenômenos espirituais materializavam-se para Karen. Parecia uma união perfeita de energias e conhecimentos práticos. Quando Sebastião, o secretário da Casa, ouviu falar do que estávamos fazendo, também se dispôs a contribuir com preciosas histórias. Logo o livro começou a tomar forma.

O nosso trabalho nos mostrou que muitos, se não todos, os visitantes da Casa vivenciaram o amor incondicional pela primeira vez ao conhecer as Entidades. Esse primeiro encontro é profundo, só pode ser descrito adequadamente por quem o viveu. E, contudo, as palavras são tudo o que temos para transmitir as emoções vividas por aqueles que freqüentam a Casa. Neste livro, portanto, você conhecerá histórias milagrosas, descritas com as próprias palavras das pessoas que foram curadas. Ele oferece uma janela pela qual vislumbrar o coração daqueles que foram tocados e curados por

Entidades cheias de amor e compaixão. E se essas palavras não forem sufi-cientes, você também poderá ver as manifestações físicas da energia espiri-tual – reproduzidas aqui com a permissão das Entidades – em várias fotografias tiradas na Casa.

Depois de visitar a Casa, muitas pessoas dizem que a vida delas mu-dou: em vez de *falar* de amor, o objetivo delas agora é *viver* uma vida de amor. As experiências pessoais dessas pessoas nos lembram que a divinda-de é uma obra em curso. A Casa oferece vários instrumentos espirituais para realizarmos essa obra. Julgamento e criticismo são substituídos por perdão, tolerância, respeito, zelo por intermédio de boas obras e dedicação a uma vida vivida com autenticidade, de acordo com o nosso verdadeiro eu. Temos recebido muito das Entidades, dos nossos guias espirituais, das nossas famílias e dos amigos. O apoio e estímulo deles foram imensos, e somos extremamente gratas pelas bênçãos que nos concederam.

A nossa esperança é que este livro apresente a você o trabalho de João de Deus e da Casa. Com a sua leitura, você terá aberto uma porta para esse trabalho na sua própria vida – tenha a intenção de visitar a Casa ou não. Esperamos que as bênçãos que recebemos também passem a fazer parte da sua vida.

Os brasileiros costumam dizer que Deus estava inspirado quando criou o Brasil. Estamos de pleno acordo. E acreditamos que Deus estava sumamente inspirado quando trouxe para este mundo o médium João Tei-xeira de Faria.

Introdução

A Entidade (o Dr. José Valdivino) pediu mais uma vez os seus instrumentos. Eu abri a gaveta especial, tirei cuidadosamente dali a bandeja e passei a ela, que escolheu uma faca comum de cozinha, de borda serrilhada. Passou a mão sobre o olho do homem e pediu que relaxasse. Então abriu bem o olho do paciente, pressionou o olho com a lâmina da faca e raspou. "Olha ela aí", disse enquanto limpava a faca na camisa do homem. Pude ver uma farpinha escura. Depois de presenciar tantas operações como essa, eu tinha certeza de que a farpa não era um mero corpo estranho sendo removido do olho, mas algo muito mais profundo que só as Entidades podem ver. A Entidade considera o olho como a representação de todo o sistema orgânico, não limitada ao olho físico. Eu compreendo isso como uma remoção simbólica no nível físico, mas que tem origem em muitos níveis e envolve muitos órgãos diferentes. "O filho está curado, pode levar", diz ele, enquanto anota uma prescrição...

– do diário de Heather

Como médium inconsciente, João entrega o seu aparelho aos bons espíritos para a prática do bem. Ele entrega o corpo, em total confiança, aos cuidados de espíritos desencarnados benevolentes chamados Entidades, todas elas personagens de destaque durante a vida física. O fenômeno mediúnico em que uma pessoa encarnada autoriza outro espírito a usar o seu corpo é chamado *incorporação*. Esses espíritos transcendentes são capazes de usar o corpo do médium João para promover curas por meio de cirurgias espirituais visíveis e invisíveis. O médium João é capaz de incorporar aproximadamente 37 Entidades, mas só uma por vez. As Entidades podem variar, dependendo das necessidades de cada paciente. Além da Entidade incorporada, há um grupo de milhares de espíritos altamente evoluídos que trata o paciente enquanto a Entidade incorporada supervisiona a cura. Esse grupo é chamado de "falange". Um espírito pode se especializar em diabete ou em problemas cardíacos, enquanto outro se especializar em crises emocionais. Essas Entidades ajudam a humanidade na esperança de aliviar a dor e o sofrimento no plano físico. Essa assistência faz parte do processo evolucionário *desses espíritos*. João de Deus tem cumprido a sua missão como médium há mais de cinqüenta anos (desde por volta de 1958), e já contribuiu para a cura de mais de oito milhões de pessoas.

As pessoas tratadas pelas Entidades são, dali em diante, continuamente orientadas e protegidas. A vida delas começa a fazer parte da corrente de amor divino que flui das Entidades. Essa corrente as purifica como quem tira a poeira de um espelho para tornar o seu reflexo perfeito. Os visitantes da Casa simplesmente pedem ajuda e ela lhes é dada. É uma grande revelação constatar que milhares de espíritos, literalmente, colaboram com a imensa dedicação de João de Deus à tarefa de aliviar o sofrimento da humanidade. É difícil imaginar tamanha bondade envolvendo e curando cada pessoa simplesmente porque ela pediu ajuda com sinceridade. Esse é o início de uma fé verdadeira, que, por sua vez, evolui naturalmente até se transformar no desejo de servir aos outros.

O QUE HÁ POR TRÁS DE CADA NOME

Existem muitas "vozes" diferentes neste livro, pois as autoras incluíram entrevistas de muitas pessoas associadas a João de Deus e ao seu trabalho na

INTRODUÇÃO

Casa, além de amigos e sócios da sua cidade natal, voluntários que trabalham na Casa e aqueles que chegam do mundo todo para serem curados.

Ao longo deste livro, as Entidades que João de Deus incorpora são às vezes chamadas pelo nome. Nesses casos, o nome da Entidade é mostrado entre parênteses – por exemplo, "a Entidade (o Dr. Augusto)". Quando a identidade do guia espiritual não é conhecida, ele é tratado apenas como "Entidade". Quando o significado é óbvio, só o nome da Entidade é mencionado.

João Teixeira de Faria é normalmente chamado de "João de Deus" pelos milhares de pessoas que o conhecem em todo o mundo, embora João, o homem, não faça caso desse apelido. Ele prefere que o chamem de o "Médium João". Quando é mencionado em termos mais genéricos, é chamado de "João de Deus". Quando incorporado, ele é tratado como "a Entidade" ou "Pai". Karen, Heather, os voluntários e outras pessoas próximas a ele também o chamam de "o Médium João".

As Entidades e o Médium João muitas vezes usam os termos "filho" e "filha". Os termos "filhos" e "filhos da Casa" também são usados. Essas designações afetuosas mostram a afinidade que existe entre as pessoas que empreendem a mesma busca pelo crescimento espiritual.

João de Deus autorizou a redação deste livro sobre a sua vida e missão, as Entidades e a Casa, e participou dela do começo ao fim. Ele contribuiu com numerosas idéias e detalhes – começando pelo Capítulo 1, sobre a história da sua juventude, da pobreza em que viveu e de como acabou descobrindo a sua mediunidade inconsciente.

No Capítulo 2, as autoras descrevem uma visita a Itapaci, terra natal de João de Deus. Nesse capítulo, ele compartilha conosco um dia da sua vida notável e nos mostra a gravação de uma entrevista, na qual incorpora uma Entidade que fala por intermédio dele.

O Capítulo 3 contém uma entrevista bela e pungente com Ana Keyla Teixeira Lorenço, a esposa do Médium João. Ana abre o coração e fala sobre o marido e a vida dele como médium. Ela nos dá uma idéia de como é esse homem e a sua missão, como fornece também informações maravilhosas sobre a Casa.

No Capítulo 4, os leitores conhecem um pouco mais o Brasil e têm um breve resumo de uma viagem a Abadiânia, a cidadezinha encravada nos chapadões da região central do país, onde está localizado o centro de cura de João de Deus. Esse capítulo também traz as contribuições de voluntários e médiuns da Casa.

Os Capítulos 5, 6 e 7 oferecem uma descrição pormenorizada da Casa, para que os leitores possam conhecê-la mais de perto. O Capítulo 8 conta sobre uma viagem de João ao Peru. O Capítulo 9 trata do Espiritismo e das Entidades, incluindo um breve histórico sobre a vida de algumas delas. *Espiritualismo* é um movimento em prol da crença de que os espíritos dos mortos podem se comunicar com os vivos por meio de um médium, uma pessoa que serve como *canal* para essa comunicação. O *Espiritismo* é um conjunto de princípios e leis espirituais embasadas nos ensinamentos de Jesus. Existem mais centros de estudo do Espiritismo no Brasil do que em qualquer outro lugar do mundo.

O Capítulo 10 contém histórias de curas milagrosas contadas pelos visitantes da Casa, e é sucedido pelo Posfácio e pela bibliografia e as leituras recomendadas. Muitas fotografias raras de João de Deus são mostradas no encarte do livro, inclusive as incríveis fotografias espirituais tiradas por Karen Leffler.

Segundo disse o Dr. Amit Goswami, "Tudo começa com a consciência", e nós vemos a Casa como um modelo operante e uma prova viva de que a consciência é fundamental para o Universo. Nós participamos ativamente da nossa própria cura exercendo o nosso livre-arbítrio, com a intenção de nos oferecer a essa Consciência em prol da cura e do crescimento espiritual. Quando vista dessa maneira, a cura não é um milagre, mas simplesmente parte de um paradigma científico.

Prefácio

João de Deus é mais do que uma pessoa, é um fenômeno científico de suma importância. Por isso eu gostaria de complementar, com uma explicação científica, a exposição bela e afetuosa das autoras sobre o fenômeno João de Deus.

Em nossa busca por significado, há ocasião em que as buscas de dois indivíduos convergem e eles passam a ter uma correlação. A física quântica, quando interpretada apropriadamente dentro da primazia da consciência, torna possível explicar essa correlação como um aspecto da não-localidade quântica. A não-localidade quântica envolve a comunicação não-sinalizada que ocorre por meio da interconectividade chamada consciência, a qual nos conecta fora do espaço e do tempo; nenhum sinal, portanto, é necessário para tal comunicação. Podemos chamar de "psíquicas" as pessoas com capacidade para a comunicação não-local, mas – alto lá! Todos nós temos essa capacidade em potencial. O fenômeno por trás de João de Deus é especial porque corresponde a uma entrega extraordinária a essa capacidade. No caso de João de Deus, um dos comunicadores, João de Deus (ou seja, o Médium João) está encarnado – tem um corpo físico –, mas o outro é desencarnado, não tem corpo físico.

Portanto, a explicação científica do fenômeno João de Deus envolve perguntas como "É possível que existam entidades desencarnadas?", "Uma pessoa viva pode se comunicar com uma entidade desencarnada?", "Como se determina a prova científica?"

Bem, caro leitor, agora se prepare. Todas essas perguntas podem ser consideradas e respondidas cientificamente. Neste livro, você lerá sobre um fenômeno cientificamente crível, embora controverso. Você também lerá sobre a cura por meio do amor incondicional, o que também tem uma explicação científica.

Se conversarmos com cientistas do velho paradigma – defensores confessos da filosofia do materialismo científico, que considera todos os fenômenos como manifestações da matéria –, nós os ouviremos dizer que falar de uma entidade desencarnada é algo que cheira a dualismo. Eles perguntariam, presunçosos, "Qualquer interação requer troca de energia, e a energia do mundo físico nunca se perde. Como entidades desencarnadas, presumivelmente extrafísicas, interagem com uma entidade física como um médium?"

Existe uma resposta para o dualismo? Na física quântica, todos os objetos são possibilidades quânticas. É a nossa experiência dos objetos materiais que dá a eles qualidades materiais que percebemos com os nossos sentidos. Isso nos leva a presumir que outras possibilidades podem ser vivenciadas de modo diferente: não por meio dos sentidos.

A consciência é a base de todo ser – eis a metafísica com troca de paradigma que a física quântica requer de nós (do contrário nos veremos às voltas com os paradoxos insolúveis da lógica). Nessa base, coexistem com possibilidades materiais outras possibilidades quânticas, dentre as quais a consciência escolhe para criar experiências que não sejam sensoriais. Todos nós já passamos pela experiência de sentir energias vitais, se pensarmos em significado mental e em arquétipos/valores intuídos, como o amor, a beleza, a verdade e a justiça. Não existe dualismo na consciência interagindo com os mundos físico, mental, vital e arquetípico, pois esses mundos são possibilidades da própria consciência que ela escolhe para fazer

PREFÁCIO

com que experiências se manifestem. As nossas energias vitais, significados mentais e arquétipos intuitivos são extrafísicos, não há dúvida, mas a sua interação com o físico é mediada pela consciência. Portanto, mais uma vez, não há nenhum dualismo nesse caso.

Nesse sentido, possuímos não só um corpo físico como também uma psique sutil, constituída de componentes vitais, mentais e arquetípicos, todos eles incorporados à consciência. Podemos sobreviver à morte do corpo físico? Sim, os corpos sutis sobrevivem junto com a sua base, a própria consciência. Sim, a existência desencarnada é possível!

Investigações teóricas detalhadas têm muito a revelar:[1]

1. Embora os mundos vital e mental não tenham estruturas como as do mundo físico, à medida que vivemos, as nossas experiências de vida produzem uma modificação funcional nas possibilidades vitais e mentais que usamos com mais freqüência, dando-nos corpos vitais e mentais funcionais que se correlacionam com o físico. Portanto, não só existe vida após a morte do físico, como existe individualidade naquilo que sobrevive. Ao contrário da memória física, que morre com o corpo físico, existem recordações quânticas sutis nos nossos corpos vital e mental. Essas recordações sobrevivem e podem ser até mesmo relembradas nas encarnações futuras. Quando isso acontece, temos a reencarnação. Eu chamo a entidade que sobrevive e reencarna de *mônada quântica*.

2. O que sobrevive, portanto, não é a parte histórica do nosso ego, mas o que chamamos de caráter, as nossas tendências e hábitos.

3. Contudo, a escolha consciente feita a partir da possibilidade de criar eventos reais da experiência requer o corpo físico. Portanto, a vida fora da carne que se vive depois da morte é desprovida de experiências progressivas. Os materialistas podem relaxar; isso não é como um filme de Hollywood!

---

[1] Como delineei em meu livro *Physics of the Soul*.

4. Mas se existe um corpo físico disponível, o que acontece? Digamos que uma pessoa encarnada, um médium, por concordância não-local anterior, relacionada ao processamento de significado, permita que uma mônada quântica desencarnada use periodicamente o seu corpo físico para produzir experiência! É assim que ocorre a comunicação mediúnica, ou canalização (chamada de incorporação neste livro).

5. Se esse modelo estiver correto, então durante a canalização tanto o caráter mental quanto vital do canalizador seriam substituídos por um caráter vital e mental diferente. O caráter mental diferente seria mais bem indicado por um conjunto de competências ou habilidades diferentes. O caráter vital diferente seria indicado não só por um conjunto de habilidades vitais diferentes, mas também pela capacidade de funcionar dentro de uma nova série de muitos parâmetros fisiológicos.

O Médium João canaliza a memória quântica de outra pessoa que viveu antes dele e já morreu. Na verdade, enquanto João de Deus canaliza, ele transforma abruptamente o seu caráter e passa a irradiar amor incondicional que promove a cura daqueles que precisam dela.

Qual é a prova de que o Médium João – o caráter de João de Deus – realmente mude assim tão drasticamente a ponto de representar um desafio para a ciência? Heather Cumming e Karen Leffler fizeram bem em documentar e relatar, muitas vezes com fotografias, na tentativa de provar além de qualquer dúvida que o Médium João adquire extraordinárias capacidades quando incorpora ou canaliza uma entidade desencarnada.

▲ O Médium João nunca estudou para ser médico, muito menos cirurgião. No entanto, quando canaliza uma entidade sutil, ele consegue realizar com êxito cirurgias em pacientes com as mais diversas enfermidades.

PREFÁCIO

▲ O jeito, a postura e a maneira de falar do Médium João mudam quando ele incorpora. Ele irradia um amor que as outras pessoas podem sentir.

▲ Talvez a prova mais impressionante relatada neste livro tenha ocorrido quando João de Deus sofreu um derrame que paralisou o lado esquerdo do seu corpo. Durante o período em que ficou parcialmente paralisado, João de Deus se comportou normalmente sempre que canalizou uma entidade; ele não tinha paralisia. E o que é mais estranho ainda: o Médium João foi capaz de canalizar uma entidade e operar ele próprio. Ele se recuperou dessa paralisia e se mantém saudável até hoje. Além de tudo isso, o Médium João normalmente tem vertigens e quase desfalece ao ver sangue, mas isso não aconteceu quando, incorporado, ele realizou uma cirurgia em si mesmo, nem em outras ocasiões em que canalizou e realizou cirurgias.

As autoras relataram que existe agora um elaborado protocolo de cura desenvolvido em torno do Médium João, o qual permite que qualquer pessoa o procure e seja curada. O protocolo em que outros médiuns ajudam João de Deus lembra tipicamente a oração e a cura pela energia (vital), excetuando o fato de que a mediunidade e a canalização estão em questão. Hoje, existe uma grande compreensão de que a oração de cura é uma cura quântica – autocura por meio de saltos quânticos do nosso ego separado e sofredor para os estados holísticos da nossa consciência. Um salto quântico é uma transição descontínua. Na verdade, existem muitos exemplos de que a cura é instantânea e que, portanto, sustentam essa visão.[2]

Na verdade, embora a cura quântica exija um salto quântico, é muitas vezes imperativo que o paciente passe por um processo criativo demorado, constituído de quatro estágios: preparação ou "trabalho", relaxamento ou

---

[2] Veja o meu livro *The Quantum Doctor* [*O Médico Quântico*, publicado pela Editora Cultrix], para saber mais detalhes sobre o assunto.

"rendição ao ser", salto quântico repentino de *insight* e manifestação. Na cura que se dá na Casa de João de Deus, muitas vezes os pacientes têm de passar por um processo de preparação e entrega, antes que se dê o salto quântico de cura.

A mensagem principal deste prefácio é que João de Deus é um fenômeno totalmente crível do ponto de vista da nova "ciência-dentro-da-consciência". Mas eu não quero deixar o leitor com a impressão de que este livro sobre João de Deus só é importante do ponto de vista da ciência. A verdade é que ele inspirará muitas pessoas a conhecer a energia de amor e o poder de cura que estão ao alcance de todos nós. Eu mesmo pesquisei sobre esse assunto, tanto intelectual quanto empiricamente, e afirmo que as Entidades que se comunicam por intermédio de João de Deus estão ao alcance de todos. Entidades como essas costumam ser chamadas de *guias espirituais*. O poder criativo da cura quântica também está ao alcance de cada um de nós, se estivermos dispostos a empreender o processo criativo.

Por fim, quero dizer que, embora eu não conheça João de Deus pessoalmente, as autoras fizeram uma exposição tão carinhosa e cheia de encantamento sobre ele que, depois de ler este livro, senti como se já conhecesse o Médium João. Sinto o amor incondicional das Entidades que se comunicam por intermédio dele. Se você ler este livro, acredito que sentirá a mesma inspiração.

O que mais posso dizer? Aqui neste livro está uma manifestação das energias de amor que acontecem localmente no Brasil, e Heather e Karen possibilitaram que essas energias sejam compartilhadas de todo e qualquer lugar! Por isso eu sou grato e espero que você também venha a ser.

Dr. Amit Goswami

O menino, o homem, o médium

Sou o homem mais feliz deste mundo porque Deus me confiou esta missão.

– João Teixeira de Faria

João Teixeira de Faria nasceu numa família humilde da cidade de Cachoeira da Fumaça, no estado de Goiás, região central do Brasil. A mãe dele, Francisca Teixeira Damas, era conhecida por todos como *Dona Iuca*. Ela era uma dona de casa prestimosa, dedicada à criação dos filhos e querida e respeitada por todos que a conheciam. João tem muito orgulho da mãe e fala dela com grande amor e admiração. Nas décadas de 1940 e 50, não havia ruas asfaltadas e nenhum tipo de infra-estrutura nessa parte do Brasil. As estradas que ligavam as cidades eram de terra, pontilhadas de mata-burros, e serpenteavam pelas fazendas e vilas. No final da década de 50, quando as ruas começaram a ser pavimentadas, a mãe de João dirigia um hotelzinho e cozinhava para os operários que trabalhavam nas obras de calçamento, para ajudar no orçamento minguado da família. João muitas vezes comenta que a mãe ficou famosa graças à sua comida boa. O pai dele,

José Nunes de Faria, conhecido como *Juca Faria*, ganhava a vida como alfaiate e era dono de uma tinturaria. Mal conseguia sustentar a família. João, o filho mais novo, tinha quatro irmãos: Americano, José, Francisco e Abílio; e uma irmã, América. Todos os irmãos dele já faleceram. A irmã vive em Anápolis e já passa dos 80 anos.

João foi criado na cidade de Itapaci, também no estado de Goiás, a 170 quilômetros de Abadiânia, onde fica a Casa de Dom Inácio de Loyola. *João*, o nome pelo qual é chamado desde garoto, começou a trabalhar aos 6 anos de idade como cortador na alfaiataria do pai, para ajudar no sustento da família. Nessa tenra idade, ele já aprendia o ofício que mais tarde possibilitaria o cumprimento da sua missão espiritual. Antes das reformas sociais da década de 1960, era muito comum ver crianças do interior do Brasil abandonando a escola depois de poucos anos de estudo. Elas precisavam ganhar a vida pastoreando gado e outros animais, transportando marmitas a cavalo para os trabalhadores do campo e trabalhando em fábricas de tijolos. Elas geralmente começavam a aprender um ofício quando tinham por volta de 8 ou 9 anos de idade.

João iniciou a escola primária no Grupo Escolar Santa Teresinha, em Itapaci, mas dois anos depois a pobreza o obrigou a abandonar os estudos e começar a trabalhar. Ele mourejava como cavador de poços, pedreiro e muitos outros tipos de trabalho pesado. João nunca concluiu os estudos e até hoje não sabe ler nem escrever. Sim, esse clarividente natural e brilhante ganhava uns trocados para jogar sinuca fazendo previsões. Tudo o que João se lembra dessa experiência é da sensação de voltar de um "vôo". Assim que recebia um trocado, corria de volta para o salão de sinuca. Desde essa época é excelente jogador de sinuca. Ele também se lembra de andar pelos campos com os moradores da vila, indicando as raízes e plantas que curariam as suas enfermidades.

O primeiro registro das capacidades paranormais de João aconteceu quando ele tinha 9 anos e visitava a família com a mãe, na cidade de Nova Ponte. Era um lindo dia ensolarado, mas João teve a premonição de que uma forte tempestade estava chegando. Ele começou a apontar para as casas, inclusive para as do irmão, dizendo que elas seriam derrubadas ou destelhadas pela tempestade. Insistiu para que ele e a mãe partissem antes que a chuva começasse. Embora ela não estivesse muito convencida, fez a vontade do filho e eles buscaram abrigo na casa de um amigo, nas proximidades. Exatamente como ele pressentira, uma tempestade começou inesperadamente e destruiu ou danificou em torno de quarenta casas da cidadezinha de aproximadamente 150 habitantes.

O trabalho era escasso em Itapaci e João foi obrigado a sair pelo mundo em busca de emprego. Era uma vida difícil, pois ele ia de cidade em cidade, fazendo bicos como trabalhador braçal. Um dia, quando estava bem longe de casa, em Campo Grande, no estado de Mato Grosso, João se sentia faminto, cansado e solitário – e mais uma vez sem emprego. Triste e fraco de fome, ele buscou refúgio embaixo de uma ponte, nos arredores da cidade. Planejava tomar um banho de rio antes de continuar procurando trabalho. Quando se aproximou das margens, uma linda mulher o chamou. Ela o convidou a se aproximar e eles passaram uma tarde memorável conversando. Na manhã seguinte, lembrando-se da bondade e beleza da jovem, ele voltou às margens do rio para conversar com ela novamente. Surpreendeu-se ao encontrar, no local onde haviam se sentado, um brilhante facho de luz. Ele ficou ainda mais impressionado ao ouvir a voz dela chamando-o pelo nome.

A visão que ele recebeu por meio da mediunidade indicou-lhe, então, que ele fosse ao Centro Espírita de Cristo, o Redentor. João seguiu as instruções explícitas da visão e, ao chegar, o presidente do Centro se aproximou e perguntou se o nome dele era "João Teixeira de Faria". O presidente explicou que sabia que João viria e estava esperando por ele. Nesse mesmo instante, João desmaiou. Quando recobrou os sentidos horas depois, pediu desculpas, constrangido, atribuindo o desmaio à fome. Havia um aglomerado de pessoas em torno dele e alguém lhe disse que ele havia incorporado a Entidade Rei Salomão, e mais de cinqüenta pessoas tinham sido curadas. Os freqüentadores do Centro ficaram admirados com a mediunidade de João e com as curas realizadas.

Na própria maneira de se ver, João não passava de um mero adolescente pobre, como qualquer outro. Toda aquela atenção o deixou confuso. Ele insistia em dizer que não havia feito nada, e não cansava de repetir que tinha apenas desmaiado e não sabia do que eles estavam falando. O presidente, percebendo o constrangimento do jovem, puxou-o de lado e lhe explicou que a Entidade de Luz conhecida como Rei Salomão tinha pedido que ele voltasse no dia seguinte, pontualmente às duas horas da tarde, para retomar os trabalhos. O presidente também deixou claro que ficaria muito honrado se João passasse a noite na casa dele, de modo que pudessem conversar sobre os acontecimentos do dia e sobre outros temas espirituais.

O presidente levou João para casa de carro, onde uma refeição simples, mas farta, o aguardava. Para João, aquilo era um verdadeiro banquete, pois ele não comia nada havia dias. Depois do jantar, ofereceram-lhe um quarto com ventilador e mosquiteiro. Ele nunca tinha visto tanto luxo. Na manhã seguinte, depois de outra refeição saborosa, ele pensou, *Vou comer bem enquanto posso, porque com certeza logo vão me mandar embora.*

João voltou ao Centro com o seu anfitrião e, no caminho, explicou apreensivo que não tinha prática como médium nem conhecimento de medicina ou do mundo espiritual. Não sabia como explicar o que acontecera no dia anterior. Estava na verdade apavorado, porque não sabia o que o esperava às duas da tarde. Depois que o grupo se reuniu e concluiu a oração de abertura, João incorporou mais uma vez o Rei Salomão e o trabalho de curar os doentes recomeçou.

Nos meses seguintes, as Entidades iniciaram um intenso período de instrução espiritual e orientação. O Médium João, como ele passou a ser chamado, foi orientado a dedicar a vida à cura de seus semelhantes. João estava com 16 anos de idade quando começou a sua missão. A pobreza o obrigou a sair pelo mundo em busca de trabalho, mas também serviu para lhe mostrar a sua missão. Em Mato Grosso, ele descobriu o seu propósito na vida: servir a Deus e à humanidade.

Ele posteriormente percebeu que a bela mulher que encontrara às margens do rio era o espírito de Santa Rita de Cássia.

Quando Heather perguntou ao Médium João o que Santa Rita havia lhe dito naquele dia, ele respondeu, "Ame e acredite num ser superior, que é Deus. Eu sempre fui devoto de Santa Rita de Cássia. Nesse dia ela se comunicou comigo por meio da minha mediunidade e me orientou sobre várias questões espirituais".

Ao longo dos cinco ou seis anos seguintes, o Médium João viajou por todo o Brasil, consolando os sofredores, curando os doentes e aconselhando a todos que o procuravam. Durante aqueles primeiros anos, ele era conhecido como *João Curador*; no entanto, ainda se recusa a ser chamado de *curandeiro* ou *milagreiro*.

Durante os primeiros anos da prática desse extraordinário trabalho de cura, o Médium João foi muitas vezes vítima da perseguição de membros da igreja e da comunidade médica, que se sentiam ameaçados com a sua presença na cidade. Ele já perdeu a conta de quantas vezes foi preso e acusado de praticar a medicina clandestina. Constantemente perseguido, ele vivia se escondendo das autoridades.

Na década de 1960, o Brasil passou por uma revolução e os militares tomaram o poder. Em 1964, a nova capital, Brasília, começou a dar os seus primeiros passos como capital do país. João viajou para lá e ofereceu aos militares os seus serviços de alfaiataria. Como era muito jovem, não conseguiu ser comissionado para confeccionar uniformes, mas lhe deram a oportunidade de costurar uma remessa de calças. A sua competência impressionou os patrões e ele logo foi promovido a alfaiate e contratado para fazer uniformes para o exército.

O Médium João continuou o seu trabalho de cura clandestinamente, mas boatos acerca dos seus dons se espalharam pelos quartéis. Um dia, ele incorporou uma Entidade que operou o joelho lesionado de um médico, que foi no mesmo instante curado. O médico ficou encantado com os dons do Médium João e, daquele dia em diante, ele passou a ser curador espiritual de autoridades civis e militares. Foi promovido a mestre alfaiate e se tornou protegido deles por nove anos. Em resultado, ele ficou livre das perseguições durante esse período e viajou pelo Brasil todo com o exército.

Esses anos de formação exerceram grande influência sobre João e lhe inspiraram o grande desejo de ser um bem-sucedido homem de negócios. Ele precisava de uma profissão que lhe desse condições financeiras para cumprir o seu propósito espiritual. A sua fama incipiente lhe trouxe oportunidades de negócios e ele as aproveitou. Tornou-se, desde então, dono de fazendas de criação de gado e de mineradoras. João tem um dom inato para os negócios e investiu seu dinheiro com sabedoria, o que lhe permite se dedicar à sua missão de ajudar os pobres e aliviar o seu sofrimento. Embora o Médium João tenha prometido às Entidades que nunca cobraria pelos seus serviços, a Casa aceita doações.

Embora muitos homens de negócios, advogados e políticos concordem que João de Deus é um empresário extremamente inteligente e sagaz, ele sente nunca ter tido oportunidade de receber uma educação formal. Vai muitas vezes às lágrimas ao admitir que não sabe nem mesmo preencher um cheque. Ele queria ter estudado e quem sabe se formado em direito. No entanto, quando lhe perguntam se a sua vida era difícil, ele nega veementemente que tenha sofrido e afirma que foi abençoado desde o nascimento.

Um dia na vida de João, o homem

Para quem acredita, nenhuma palavra é necessária;
Para quem não acredita, nenhuma palavra é possível.

– Dom Inácio de Loyola

Em fevereiro de 2005, Karen ajoelhou-se diante da Entidade, em gratidão pelo profundo amor e pelas bênçãos que recebera. Ela segurou gentilmente as mãos dela, enquanto as lágrimas rolavam pelas suas faces. Ela voltaria para os Estados Unidos em dois dias. E a Entidade lhe disse, "Vai com a bênção de Deus, filha". Então se voltou para Heather e disse, "O que você fará amanhã, filha Heather? Gostaria de levar 150 pessoas até a cachoeira?"

"Karen e eu planejamos ir até Itapaci, a cidade natal do Médium João, tirar umas fotos para o livro", ela respondeu.

O Médium João mordeu a tampa da caneta esferográfica que usava para anotar as prescrições. Achamos que poderia estar incorporado como a Entidade Dr. Valdivino, pois notamos que esse era o gesto que costumava fazer quando refletia. "Tudo bem", disse ele, "o médium João estará lá amanhã. Eu pedirei a outra pessoa para que leve os filhos à cachoeira."

Mais tarde nesse mesmo dia, Maninho, um motorista de táxi, disse-nos que o Médium João lhe pedira para nos levar até a casa dele às 6 da manhã no dia seguinte, pois ele queria nos acompanhar até Itapaci. Ficamos empolgadas com a chance de passar um dia com Maninho, o Médium João e a esposa dele, Ana. Achamos que seria uma ótima oportunidade para conhecer um pouco da vida familiar desse homem extraordinário.

Levantamos na manhã seguinte ao amanhecer e fomos diretamente para Anápolis, onde mora o Médium João. Estávamos tão empolgadas que chegamos lá uma hora mais cedo, por isso fizemos uma parada na casa de Joaquim. Tínhamos prometido que o levaríamos para ver a mãe em Itapaci. Durante a juventude, Joaquim e a mãe lavavam e entregavam as roupas da alfaiataria de João. Agora Joaquim trabalha na Casa e vende doces de coco deliciosos. Fazendo jus à hospitalidade dos brasileiros, Joaquim nos convidou para nos sentar um pouco e tomar um cafezinho antes de partir.

Estávamos sem jeito de acordar o Médium João tão cedo, mas então o telefone tocou e era ele próprio que ligava para nos repreender. "Já são 6 horas! Onde vocês estão?" Concordamos em encontrá-lo de carro na estrada, com Maninho e Joaquim. Cumprindo a sua palavra, às 7 horas uma grande picape passou por nós buzinando. Ana estava ao lado dele. Ele acenou para que nós o seguíssemos, enquanto ele parava ao lado de um quiosque de água de coco. O nosso glorioso dia havia começado. Ele conhecia a dona do quiosque e contou-nos que o marido dela tinha sido tratado pelas Entidades durante muitos anos e agora tinha falecido. O Médium João nunca passava de carro por ali sem parar para comprar um saco de cocos e visitá-la. Ele abriu um coco verde para cada um de nós e nos sentamos à mesinha próxima ao acostamento, para saborear a bebida de sabor delicado. O líquido turvo e esbranquiçado, nem doce nem ácido, é rico em sais minerais. O Médium João nos lembrou das propriedades terapêuticas dessa bebida, que é prescrita pelos médicos do Brasil para combater a desidratação.

A nossa parada seguinte, meia hora depois, foi numa barraca de melancia. O Médium João escolheu com cuidado uma melancia para nós, batendo com os nós dos dedos na casca de várias delas, até encontrar uma que fizesse um som oco. Ele então abriu a fruta perfeita e ofereceu fatias grandes a cada um de nós. Curvávamo-nos para a frente, enquanto o sumo da fruta escorria pelas nossas mãos e roupas e pingava no chão de terra. Ele continuou nos oferecendo fatias, enquanto Ana comentava, "É impossível fazer regime com João por perto. Ele não só adora comer, mas é sempre um anfitrião generoso. Para ele, um ingrediente fundamental da boa hospitalidade é oferecer comida, muita comida. E também cozinha muito bem".

Numa nuvem de poeira, deixamos a barraca de melancia para trás e seguimos a picape do Médium João. Estávamos a três horas do nosso destino e não era nada fácil acompanhá-lo. A parada seguinte foi nos arredores de Itapaci, numa casa de barro com chão de terra batida e galinhas correndo soltas no quintal. Um ancião nos saudou e nos levou até uma horta, deixando o Médium João à vontade para pegar o que quisesse. Ficamos assistindo enquanto o Médium cortava as hortaliças com entusiasmo usando o seu canivete. Pelo menos nesse dia, ele estava longe das enormes responsabilidades da Casa. Carregou então uma braçada de verduras até uma cesta para que o ancião desse o preço.

O homem exclamou, "Conheço o senhor! É João de Deus, eu levei a minha mulher para o senhor ver. Deve fazer uns vinte anos. O senhor está muito bem, não mudou nada".

O Médium João o abraçou, "Como ela vai? Foi curada?"

O homem chamou a mulher, que estava dentro de casa. "Deus o abençoe, estou completamente curada", disse ela.

O Médium João andou até um galo e duas galinhas que estavam num pequeno galinheiro e pediu que lhe vendessem as aves. As galinhas seriam levadas para a sua fazenda e criadas soltas com outras da sua criação.

Karen estava tirando fotos desde que partíramos de Abadiânia. Momentos antes, quando o Médium João segurava maços de salsinha recém-colhida, a câmera registrou uma luz espiritual próxima a ele. Quando Karen fotografou o Médium João abrindo o galinheiro e Maninho tentando agarrar as galinhas, três globos brancos muito nítidos apareceram flutuando sobre o galinheiro.

Heather se perguntou se, do ponto de vista xamânico, os três globos de luz representavam a perda da alma das aves. O trauma de ser aprisionadas numa gaiola poderia ter sido exacerbado. Isso é como uma pessoa revivendo um acidente de carro. As pessoas às vezes dizem que, durante o acidente, viram-se observando a elas mesmas a distância. Parte da consciência delas consegue deixar o corpo no momento do impacto, permitindo que testemunhem a cena traumática. Segundo o xamanismo, esse é um mecanismo de sobrevivência conhecido como perda da alma, que pode ser vivido tanto por animais quanto por seres humanos.

Cruzamos de carro Itapaci, uma cidadezinha encantadora com avenidas largas e arborizadas e igrejas antigas. O Médium João levou-nos até a casa dos pais e apontou para três casinhas simples num tranqüilo bairro residencial. Dirigindo-se para a menor das três, ele apoiou a mão na parede e disse, cheio de orgulho, "Este foi o lugar onde fui criado, Karen, tire uma foto. Claro que ele não era assim na época. Com os anos eu consegui comprar esta casa e construir outras duas para minha mãe e meu irmão".

Pacu e Oswaldo abraçaram o Médium João. Eram ambos amigos de infância. O Médium João deu um forte abraço em cada um deles e então disse, "Este homem tinha muito mais condições do que eu, quando nos conhecemos, o meu pai era muito pobre e mal tínhamos um teto onde morar. Eu comecei a trabalhar na alfaiataria do meu pai aos 6 anos. Pacu e eu íamos buscar e levar a roupa dos clientes para ele. Graças a Deus hoje eu conheço o Brasil todo e pude viajar para muitos países estrangeiros. Sem a Graça de Deus, nada disso seria possível. Eu não teria condições de comprar esta terra. E digo que, mesmo com tudo isso que eu tenho, não sou dono de nada. O verdadeiro dono de tudo isso que tenho é Deus. Estou cumprindo a minha missão aqui e Deus me deu muito mais do que eu sonhei".

O irmão do Médium João, Francisco, tinha falecido no mês anterior, e ele estava planejando passar o fim de semana com a cunhada, Neusa, e nos mostrar a casa do irmão. Ele nos convidou a entrar pelo portão e nos apresentou. A cunhada estava preparando o almoço num fogão a lenha do lado de fora da casa. A casa era simples: cômodos pequenos de paredes caiadas. Na sala de estar com poucos móveis havia quadros com fotos do Médium João, a família e a sua adorada mãe. As três casas eram ligadas pelo mesmo quintal e uma varanda de ladrilhos. Com os anos, a casa foi se deteriorando. Num canto, havia uma pia e um tanque de lavar roupa, componentes fundamentais das casas da área rural do Brasil.

Ana se pôs rapidamente a lavar as verduras frescas e preparar petiscos. Logo dispensou qualquer oferta de ajuda e continuou a nos manter entretidos com sua conversa animada. Enquanto isso, o Médium João reclinou-se numa cadeira, relaxando no ambiente que tanto amava. Então nos apresentou os seus amigos:

"Este jovem é filho de Pacu. Ele trabalhou para mim nas fazendas e em muitas obras. É mestre de obras e pedreiro. Trabalha duro para ganhar a vida. Vai reformar a casa do meu irmão, onde a minha cunhada vai continuar morando. As minhas origens não são o que as pessoas pensam. Nós éramos muito pobres. As minhas origens são daqui. Tenho orgulho das minhas raízes e mantenho contato com os meus amigos de antigamente."

O Médium João colocou uma nota no bolso de Maninho e pediu que ele fosse à quitanda comprar cebola, alho, pimentão verde e dois quilos e meio de tomate. "Mas, veja se os tomates estão bem maduros. Corre, que não queremos ficar aqui com fome. Eu vou cozinhar para todos nós." O Médium João levou-nos até o forno a lenha, do lado de fora da casa, que já estava abastecido com grandes achas de madeira. Então se preparou para cozinhar sobre uma grelha do forno, como é típico no Brasil rural. Despejando óleo num panelão, ele acrescentou alho e arroz branco, iguaria indispensável em qualquer refeição. "Vocês gostam de cozinhar?", perguntou. "Eu adoro. Vocês vão ver, sou ótimo cozinheiro. Gosto principalmente de cozinhar nestes fornos a lenha ao ar livre. Ei, chefe, traz a água!"

O Médium João foi até uma tina de água e lavou as costeletas de porco, enquanto continuava a conversar conosco. "Sempre fui bom cozinheiro, não é, Joaquim? Eu cozinhava para você quando ainda era criança. O jeito certo de fazer este prato não é fritar as costeletas na gordura, mas curtir a carne com sal e tempero e deixá-la no sol. Depois de alguns dias, a carne de porco curtida é misturada com o frango. Ele dá um sabor delicioso. Heather, diga para todo mundo que estão liberados para comer carne de porco e pimenta hoje. E, a propósito, a água que sai dessas torneiras foi energizada assim como a água da Casa. Podem comer e beber à vontade. Nada vai fazer mal a vocês."

Passamos uma tarde maravilhosa saboreando a comida que o Médium João preparou para nós. As pessoas ouviram dizer que ele estava em Itapaci e uma romaria de visitantes veio lhe cumprimentar e pedir ajuda.

Fomos todos para a varanda de ladrilhos. Um jovem veio vender picolé num pequeno isopor. Ele ganhou o dia quando o Médium João comprou todo o estoque e ainda lhe mandou buscar mais. Ana certamente sofre para manter o marido na dieta. Tanto as Entidades quanto os médicos recomendaram-lhe um regime rigoroso, mas ele raramente o segue.

Seguindo o exemplo do Médium João, todos nos deitamos no chão fresco de ladrilhos da varanda e fizemos uma breve sesta. Um galo, que tinha fugido e se empoleirado nas cercas e telhados, fez todos acordarem num sobressalto. O Médium João se pôs de pé e foi com Maninho perseguir a ave. Foi uma perseguição e tanto, e eles voltaram vitoriosos.

Passamos o resto da tarde sentados no chão de ladrilhos, conversando com o Médium João. Ele nos entreteve com histórias divertidíssimas, algumas delas só para nos fazer rir. Era impossível não rir, e quanto mais ríamos mais ele se animava a contá-las. Heather, que passara grande parte da sua vida no interior do Brasil, lembrou-se das tardes deliciosas da sua juventude na fazenda, quando ela se sentava para conversar com os peões e a família deles.

Quando nos preparávamos para partir, deixando que o Médium João e a esposa tivessem uma noite tranqüila juntos, ele se sentou e disse, "Entrevistem estes meus amigos para o livro. Eles me conhecem mais do que ninguém. Depois eu falo com vocês".

Luiz Orlando fala sobre o Médium João:
O meu nome é Luiz, mas João me conhece como *o dos Óculos*. Nasci no Rio de Janeiro. Dez anos atrás o Médium João me fez um grande favor sem saber. A minha filha conheceu-o no Rio e então foi à Casa, para fazer uma consulta com as Entidades. Quando soube que eu morava em Itapaci, ele a trouxe pessoalmente para me visitar. Ela mora nos Estados Unidos agora, mas por alguma razão nos distanciamos. Foi decisão dela. Eu tenho saudade.

O Médium João o interrompe:
Mas ela vai ler esta mensagem e entrará em contato com você.

Os olhos de Luiz ficam marejados e ele continua:
Seria a resposta para as minhas preces. Veja só – não é de surpreender que o Médium João tenha tão boa reputação nesta região e em todo Brasil. Ele está sempre cuidando das pessoas. Só nesta cidade ele já ajudou milhares com as suas cestas básicas, a sua bondade e generosidade. Durante anos, ouvi falar deste homem extraordinário que era amado pelo altruísmo e espírito de caridade. É com grande orgulho que sou não só seu amigo, mas também temos um relacionamento de confiança na sua jazida de minério. João, você pode sempre contar com a minha lealdade e amizade sincera.

Durante toda a tarde, Ana tentou convencer o marido a pentear o cabelo, desalinhado depois da sesta. Ele ignorou os apelos dela e continuou deitado no chão de ladrilhos, ouvindo as entrevistas. De repente se sentou, lançou a ela um sorriso travesso e começou a pentear os cabelos com um floreio. Quando explodiu em gargalhadas, Karen capturou o momento.

Depois ele nos deu uma entrevista, muitas vezes parecendo incorporado enquanto falava e tirando os óculos em diferentes momentos. Karen, que estava gravando as entrevistas, começou a sentir a presença das Entidades, e teve de parar para se reposicionar no chão de ladrilhos, enquanto segurava a filmadora. Ela tinha sentido a presença extremamente energética das Entidades ao longo de todo o dia, mas agora a sensação se tornava ainda mais forte.

Heather: Médium João, o senhor estava em Itapaci ou no Mato Grosso quando começou a incorporar plenamente as Entidades de Luz?

Médium João: Durante toda a minha vida fui devoto de Santa Rita de Cássia. Nasci e me criei numa família católica. O espírita precisa saber ler e estudar muito, e eu não pude concluir os estudos porque a minha missão começou muito cedo. A primeira vez que incorporei pra valer foi em Campo Grande, no Centro Espírita de Cristo, o Redentor. Desde então, estou cumprindo esta missão há mais de cinquenta anos. Como você sabe, trabalhei em quase todos os estados do Brasil, incluindo Brasília, e em muitos outros países ao redor do mundo.

Eu não prego nem ensino nenhuma religião. A minha crença é Universal. Eu acredito no Criador. Acredito em Nossa Senhora. Acredito nos Apóstolos e na verdadeira Loja Maçônica. Como posso dizer que sou espírita, se conheci Chico Xavier, a quem chamam o *Papa do Espiritismo*?[3] Como posso me comparar a ele? Tive a honra de carregar o corpo de Chico Xavier para a sepultura. Sei que Deus vai me ajudar e meu corpo vai descansar nesta cidade onde todos estamos reunidos agora. Isso está nas mãos Dele, pois sei que um dia deixarei este plano. Como todo bom praticante do Espiritismo, gostaria de encontrar uma falange no reino espiritual e fazer caridade e aliviar o sofrimento humano. Contudo, o meu corpo será sepultado em Itapaci, junto com o de minha mãe, dos meus irmãos e do meu pai.

Heather: Pode nos dizer como foi visitar a Grécia e seguir os passos do Apóstolo Paulo? Foi uma experiência profunda para o senhor?

---

[3]   Chico Xavier e o espiritismo serão mencionados em capítulos posteriores.

Médium João: Que bom que perguntou. Acredito que as raízes de muitas religiões estão na Grécia. Os espíritas e as pessoas de outras religiões – os evangélicos, os kardecistas e os católicos – também acreditam nisso. Fui muito bem recebido pelos gregos. Eles me levaram ao lugar onde há uma placa em homenagem ao Apóstolo Paulo. Ana vai lhes mostrar a foto. Eu me sentei exatamente no lugar e transmiti uma mensagem a todos os que estavam ali junto de mim. A mensagem não foi passada por mim, mas pelos "Homens da Lei", que são os Espíritos Benevolentes da Fé [as Entidades]. Eu não tenho conhecimento nenhum. Não sei nada. Não posso nem preencher os meus próprios cheques. Eu me perdi e Ana me achou numa igreja, na presença de padres, enquanto estava me confessando.

Ana: É, é verdade. E também o bispo ortodoxo que acompanhou o trabalho e ficou ao seu lado naquele dia também chorou de gratidão, por toda a cura que recebeu.

Médium João: Vou voltar à Grécia um dia. É bom que o meu grande amigo Luiz esteja aqui, porque eu não contei a ele sobre a grande honra que tive – que Deus me deu – de estar no lugar onde os Jogos Olímpicos seriam realizados. Ana estava comigo. Quando iniciei a cerimônia de abertura dos trabalhos espirituais, o Dr. Augusto de Almeida incorporou em mim e abençoou os Jogos Olímpicos, que estavam marcados para começar algumas semanas depois.

Heather: Ficamos gratos pela sua presença em Washington no início da guerra com o Iraque. Embora o seu irmão tivesse falecido dois dias antes, o senhor pôs tudo de lado e ofereceu ajuda espiritual.[4]

---

[4] O Médium João viajou para Washington em 20 de março de 2003. Lá houve uma pequena reunião de umas 120 pessoas, que ele chamou de "missão de paz".

Médium João: Heather, você estava comigo naquele dia em Washington, em março de 2003, mas eu posso contar isso para quem não estava presente. Ana também estava. Um casal apareceu. Ele era oficial da marinha aposentado e a filha deles estava servindo no Iraque. Ele trouxe a foto da filha e pediu proteção para ela. A Entidade garantiu ao pai que ela estaria totalmente protegida.

Heather: Eu me lembro bem, Médium João. Eu servi de intérprete para o casal. A Entidade pediu que eles voltassem no dia seguinte trazendo uma peça de roupa da filha. Eles trouxeram uma das camisas dela e a Entidade me orientou a trazer a peça para o Brasil. Quando voltei ao Brasil, trouxe uma caixa com todos os nomes e fotografias para a Entidade, e a primeira coisa que ela me pediu foi a camisa da moça. Ela a segurou um pouco nas mãos e depois a colocou cuidadosamente na sua cesta. Também quis saber quando a moça e os pais vinham a Abadiânia. Um membro do grupo me disse que a moça voltou a salvo do Iraque.

Médium João: Eu sei que tenho Deus comigo e os Bons Espíritos também. Ninguém anda sozinho. Cristo não andou sozinho, pois não havia apenas os Doze Apóstolos; havia 120 pessoas que o acompanhavam. [O Médium João tira o óculos e parece incorporar.] Ele provou que havia mais quatro mil com ele quando distribuiu os pães e os peixes. Todos eram Apóstolos de Cristo. Os Bons Espíritos nunca andam sozinhos. Trata-se de uma falange, um grupo de Espíritos Benevolentes que trabalham juntos, a partir dos reinos espirituais. Eu acredito em Jesus e acredito em Deus, pois ele é o meu Pai. Tudo o que eu faço, todo o meu trabalho, é pelo Pai. Por isso sou um homem feliz. O coração de Deus zela por mim.

Heather: Muitas pessoas me perguntam o que podem fazer para ajudar quando ocorrem tragédias como tsunamis, enchentes e guerras. O mundo parece estar caminhando para uma crise. O senhor poderia fazer a gentileza de comentar sobre o que poderíamos fazer para ajudar, de um ponto de vista espiritual?

Médium João: Foi bom que tenha feito essa pergunta. Em primeiro lugar, respeitar um ao outro e amar Deus sobre todas as coisas. O amor resolve tudo. Esperemos pelo Amor e pela Palavra de Deus.

Heather: Obrigada pelo tempo que passou conosco, Médium João, e pela comida deliciosa e pela hospitalidade. Obrigada também pela entrevista. Somos profundamente gratas por tudo o que faz por nós e por toda a humanidade.

Médium João: Vocês são sempre bem-vindas aqui. Voltem numa outra ocasião para visitar a mina de ouro. Vilmar e Luiz têm a minha permissão para lhes mostrar a propriedade. Ela é como um anel, um círculo. O sucesso de cada projeto garante o sucesso da Casa. Vocês vieram para entrevistar e filmar o médium, mas estão vendo também um homem simples de família, um fazendeiro e minerador.[5]

Heather: Nós sabemos que o senhor sofreu, Médium João. O seu bom amigo e advogado Edemar, que o conhece há mais de 35 anos, confirmou que o senhor foi preso e perseguido, enfrentando grande perigo. Com tudo o

---

[5]   Heather visitou a mina do Médium João em 2006. Mineradoras maiores, internacionais, com equipamentos de última geração, muros altos e guardas vigiam e tentam conter o desenvolvimento da mineradora. O acampamento do Médium João retrata um contraste perfeito com os outros ao redor; a operação era primitiva e rústica, remanescente da década de 1950, e extremamente humilde; a sua equipe de prospectores vibrava cada vez que encontrava uma única pepita de ouro. "O Dr. Augusto nos contou que as Entidades o orientaram a conseguir os direitos de exploração da mina, mas ele está cansado agora e a mina toma muito tempo", disse o Médium João. Por causa de dificuldades financeiras, o Médium João fechou a mineradora no final de 2006.

que passou, como o senhor ainda consegue demonstrar tanta dedicação, generosidade e bom humor?

Médium João: Sei o que você está querendo dizer. Houve ocasiões em que fui preso, mas nunca por latrocínio ou por qualquer tipo de crime grave. [Ele tirou os óculos e começou a chorar.] Eu fui preso por transmitir a Palavra de Deus. Existe quem pense que estou nessa missão para ganhar dinheiro. Se estivesse, eu não poderia continuar. Teria parado anos atrás. Porque a Palavra de Deus tem um começo mas não tem fim. Ela é muito bonita. Ela é eterna. Eu ainda quero um dia chegar no Tribunal de Cristo, no seio de Deus.

Heather: Em português, a palavra *entidade* é feminina. Portanto sempre nos referimos a uma entidade usando o pronome *ela*. As suas palavras são profundas e poéticas quando faladas em português e nós as oferecemos ao leitor na língua do próprio Médium João:

Porque a Palavra de Deus tem um começo mas não tem fim. Ela é muito bonita. Ela é eterna. Eu ainda quero um dia chegar no Tribunal de Cristo, no seio de Deus.

Entrevista com o Médium João em Itapaci, Goiás, Brasil,
5 de fevereiro de 2005.

Ana, a esposa do Médium João

A fé move montanhas; a fé é o que nos cura e o que nos guia.

– Ana Teixeira Lorenço

Neste capítulo, Heather entrevista Ana Keyla Teixeira Lorenço, a esposa do Médium João. Ana começa explicando que a família dela a levou à Casa quando era muito jovem. Com o passar do tempo e com a intervenção e tutela das Entidades, ficou evidente que ela estava predestinada a ser a esposa do Médium João nesta etapa da vida dele. Ana nos deu um panorama raro e único da vida de João, o homem, e de João, o médium. Ela também nos dá uma boa idéia das atividades da Casa, da espiritualidade e da mediunidade.

Ana: Eu cheguei à Casa pela primeira vez quando tinha 12 anos, com a minha família. Fui criada num lar católico e espírita, mas a minha família na verdade tendia mais para o Espiritismo. Desde a minha primeira visita, a Entidade fez com que eu a acompanhasse enquanto fazia as cirurgias físicas. Eu carregava a bandeja com os instrumentos ou o algodão e a água. Enquanto assistia às cirurgias, eu tinha receio de que algo como aquilo acontecesse comigo, por isso muitas vezes sumia na hora da incorporação. Descia até a cachoeira ou saía para o jardim. A Entidade me chamava e eu estava fora de vista. Voltava depois que as cirurgias físicas tinham acabado e entrava na fila para passar na frente da Entidade. Ela chamava a minha família para falar sobre a cura da minha mãe. Também explicava a respeito do processo de preparação e desenvolvimento da mediunidade dela e da minha.

Heather: Quando começou a visitar a Casa, você tinha algum tipo de problema ou doença?

Ana: Fomos a primeira vez só para ver como era. Pelo que eu saiba, não tinha nenhuma doença, mas a minha mãe tinha um cisto no útero. Ela passou por uma cirurgia invisível e o cisto foi removido – desapareceu. Voltamos depois de quarenta dias, pois era a revisão de minha mãe, e seguimos o protocolo solicitado pelas Entidades. Passamos a voltar à Casa regularmente. A princípio, as nossas visitas eram anuais. Como a distância da nossa casa, em Uberaba, Minas Gerais, era muito grande, não era possível fazer visitas mais freqüentes. Acabamos fazendo amizade. Não era bem uma amizade, pois o nosso trabalho e a nossa ligação eram com as Entidades e com os médiuns da Casa, que nos explicavam os protocolos da Casa e ajudavam na nossa evolução espiritual. Raramente víamos o Médium João.

Quando eu tinha uns vinte e poucos anos, as Entidades sempre pediam que a minha mãe e eu fôssemos ver o Médium João em seu escritório depois da sessão. Eles nos estimulavam a fazer uma ligação com ele. Eu sempre era reticente. Não sei por que, mas eu sentia uma ... resistência é talvez a melhor palavra para explicar os meus sentimentos naquela época. Mas agora eu entendo que resistência era aquela. Quando eu finalmente encontrei o Médium João, senti como se já o conhecesse. Já tínhamos uma ligação familiar muito forte. João, vou me referir a ele como João porque ele é meu marido – disse que sentiu o mesmo reconhecimento. Desde a primeira vez que nos encontramos já havia essa ligação. Ao longo dos anos eu continuei indo à Casa com mais freqüência, mas nunca procurei aprofundar essa amizade. Então um dia, a Entidade esclareceu muitas coisas para mim e para a minha mãe numa longa conversa. Foi uma *recordação*, uma retrospectiva que acabou com a confusão que eu sentia. Essa conversa aconteceu vários anos atrás, depois de muitas e muitas visitas à Casa. João e eu nos casamos um ano depois. Depois dessa conversa, as Entidades me ajudaram a entender as vidas passadas que vivi com João. Eu sabia que sempre tivéramos uma ligação e um compromisso com o serviço.

Heather: Você acha que foi trazida pelas Entidades à Casa quando ainda era muito jovem para se reencontrar com o Médium João e ajudá-lo neste estágio da vida dele?

Ana: Não posso afirmar com certeza, mas acredito que nada é por acaso e que todo mundo tem uma missão na Terra. Eu sei que estou cumprindo a minha e seguindo a minha orientação espiritual.

Heather: Durante muitos anos, notamos que o Médium João parecia triste, mas quando ele fala sobre você os olhos dele brilham e ele fica radiante.

Ana: Agora ele está transformado, não está? Ele diz que eu sou uma companheira maravilhosa para ele.

Heather: A sua família é espírita?

Ana: É. Meio espírita meio católica. Tenho duas irmãs e um irmão. Nasci em Minas Gerais, no Triângulo Mineiro, que inclui Brasília, Uberaba e Goiânia. Essa região é conhecida por ter uma energia muito elevada. É uma região muito desenvolvida e rica em pastagens, que produz uma das melhores carnes bovinas e laticínios do país. Uberaba é a cidade que Francisco Cândido Xavier escolheu para morar – *Chico*, como os brasileiros gostam de chamá-lo.

Heather: Você conheceu o Chico?

Ana: Ah, conheci. Eu o conhecia e participava do trabalho dele na Casa da Prece. Ele era uma pessoa realmente extraordinária. Acho que o mundo todo perdeu uma pessoa de coração puro quando ele morreu.

Heather: Eu sinto amor incondicional quando estou com o Médium João e as Entidades. Isso é algo que eu nunca tinha vivido antes de chegar à Casa. Você sentia esse tipo de amor quando estava com Chico Xavier?

Ana: Sentia, com certeza. Era extraordinário estar na presença dele. Nós participamos da cerimônia de Natal do Chico durante muitos anos. No dia de Natal, ele distribuía dinheiro e comida para muitas pessoas, que faziam fila. A equipe dele selecionava pessoas nos meses anteriores, de acordo com as necessidades que elas tinham, dificuldades e extrema pobreza. No Natal e nos três dias seguintes, essas pessoas faziam fila e o Chico lhes dava um grande sorriso, falava palavras gentis, dava um aperto de mão caloroso e uma orientação cheia de compaixão. Ele distribuía os presentes pessoalmente. Você percebia que as pessoas estavam recebendo tudo de que precisavam com esses simples gestos dele e com a sua profunda compaixão, com o seu amor e bondade.

Heather: O Médium João se encontrou muitas vezes com Chico Xavier? Eu uma vez lhe perguntei se ele achava que o Chico era o seu mentor e ele respondeu, "A palavra dele era uma ordem para mim".

Ana: Ah, é verdade. Eles eram grandes amigos. Duas vezes eu tive o prazer de visitar o Chico com o João. Uma vez, o Chico estava muito doente. Isso foi uns dois meses antes de ele morrer. O filho dele, Eurípedes, nos disse que o Chico ficaria encantado em receber o João. O Chico sempre se vestia com roupas imaculadas e ficou envergonhado por estar com uma aparência tão frágil e macilenta. Ele insistiu em usar o boné assinado que sempre usava. O Chico abriu um grande sorriso quando João entrou no quarto. Quando João se curvou para abraçá-lo, o Chico sussurrou algo no ouvido dele. Eu não ouvi o que era, mas estou certa de que o João ouviu e entendeu a mensagem que ele lhe transmitiu. Foi um momento tocante para nós.

Na vez seguinte que nos encontramos foi no enterro do Chico. Chico Xavier foi o líder do Espiritismo. O motivo da nossa última viagem foi muito triste, mas as vibrações espirituais eram extraordinariamente fortes.

Heather: Ouvi dizer que o Chico mandou uma mensagem para o Médium João, uns trinta anos atrás, dizendo que Abadiânia era o lugar onde a Casa deveria ser construída. Você pode nos dizer algo a respeito disso?

Ana: João pode responder melhor a essa pergunta, mas eu acredito que seja verdade. Quando eu visitei o Chico com o João, vi por mim mesma a pro-

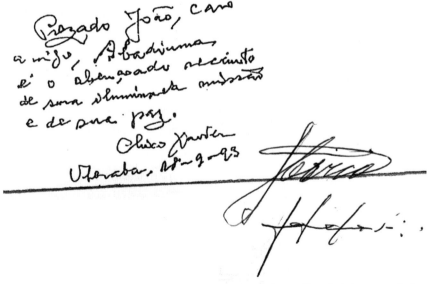

Cópia da mensagem psicografada por Chico e abençoada por Dom Inácio para este livro.

funda consideração, o respeito e o amor que o Chico tinha pelo João. Eu vi tanto as mensagens originais quanto as de 1993, que voltaram a ser psicografadas. A última foi uma notinha psicografada por Chico pela Entidade Bezerra de Menezes, designando Abadiânia como o lugar onde a missão de João se cumpriria.

Eu tive o grande privilégio, durante uma das minhas visitas a Uberaba, de levar o Médium João ao Centro Espírita que eu freqüentava quando menina. O presidente do centro também era um velho amigo do João. Ele nos disse que seria uma honra se João ficasse e atendesse às pessoas do centro dele. Infelizmente, por causa da falta de tempo e da necessidade que tínhamos de voltar a Abadiânia, não pudemos ficar. Mas algo impressionante aconteceu naquele dia. O presidente do centro contou ao João que a mãe dele tinha falecido e que ele se arrependia de não ter tirado nenhuma foto dela. João, o médium, conseguiu então materializar um foto da mãe dele. Isso eu vi com os meus próprios olhos. Você também pode perguntar ao João sobre essa história para que ele possa confirmar.

Heather: Eu já vi materializações de cristais pelas Entidades e sei de muitos relatos sobre materializações parecidas, de pedras, fotografias e cristais. Isso acontece com freqüência na Casa?

Ana: Acredito que isso realmente aconteça na Casa. Nunca presenciei materializações com exceção dessa, que acabei de descrever, mas já ouvi muitos testemunhos de outras pessoas. Para nós, espíritas, isso não é nenhum mistério. Acredito na materialização assim como acredito na incorporação e no transporte de almas que estão perdidas. Eu aceito tudo o que o Evangelho espírita diz e nos revela.

Heather: Há visitantes em Abadiânia vindos do mundo inteiro e esta cidadezinha está ficando superlotada, talvez além da capacidade dela. Como é possível manter a harmonia e o equilíbrio?

Ana: Acredito que os estrangeiros que vêm a Abadiânia são algo muito positivo para a cidade, embora isso também tenha aspectos negativos. Muitas vezes o foco espiritual é deixado de lado e os interesses passam a ser muito mais comerciais e materiais. Um número crescente de brasileiros me procuram dizendo, "A Casa parece cheia de estrangeiros. É preciso ser estrangeiro para vir à Casa?" Eu digo a eles, "Não, claro que não. Esta é a casa do João". João tem recebido muitos convites para morar em várias partes do mundo, mas ele jamais aceitará. A casa dele, o seu verdadeiro lar, é aqui em Abadiânia, no Brasil.

Os estrangeiros que vêm para cá têm uma mentalidade diferente da dos brasileiros. Muitos deles são como São Tomé. Eles precisam ver para acreditar, e então questionam mais ainda. Pesquisam mais, assistem às cirurgias e sentem a energia. Essa pesquisa mais intensa é muito boa para a Casa porque confirma a autenticidade do nosso trabalho. Serve para esclarecer as dúvidas sobre o trabalho espiritual realizado na Casa e até sobre a administração do Médium João, a sua conduta e total dedicação e compromisso à tarefa de ajudar o próximo.

Heather: Muitos visitantes não seguem plenamente os protocolos recomendados pelas Entidades. Às vezes, não seguem nem respeitam os costumes da Casa. Nós entendemos que as recomendações nos são dadas para a nossa segurança e para que a cura seja mais efetiva. A minha preocupação é que Abadiânia possa se tornar um "ponto de encontro" espiritual ou que as Entidades ou o Médium João possam se cansar do caos que isso pode provocar.

Ana: Nas palavras do Médium João, "Quem cura é Deus, eu não curo ninguém". Temos de vir sempre com o coração aberto, porque estamos sempre em busca de algo. Nós vamos à Casa porque estamos buscando a cura, espiritual ou física. Portanto, se estamos em busca de uma cura – mesmo se formos céticos –, temos de vir com o coração aberto. Se chegarmos aqui com um coração disposto, saberemos quais são as nossas dúvidas e de que somos capazes de acreditar.

Existem incontáveis exemplos de pessoas que chegam à Casa cheias de dúvidas e receios e passam por um teste. Elas assistem a cirurgias e pessoas tendo curas espontâneas. Observam, descrentes, e perguntam, "Como isso pode estar acontecendo?!" Elas vêem com os próprios olhos e mesmo assim não há explicação. Algumas pessoas voltam à Casa pela segunda vez com o coração mais puro. Mais abertas e dispostas a aceitar a experiência sem emoções negativas. Isso já é, por si mesmo, a própria cura. Elas não estão mais cheias de suspeitas. Estão mais receptivas à cura. Uma pessoa cheia de dúvidas e pensamentos negativos não está pronta para receber a cura – seja ela mental, emocional, física ou espiritual.

Às vezes as pessoas vão à Casa para acompanhar outra numa cadeira de rodas ou um amigo precisando de ajuda, mas elas também recebem uma cura profunda. Embora não estejam conscientes da própria enfermidade, recebem a cura de que precisam. Isso é possível porque elas vêm com um coração entregue e com fé. A fé move montanhas. A fé cura e nos guia.

Heather: Você concorda que fazer uma peregrinação à Casa e abrir mão do conforto do lar e enfrentar o desconhecido fazem parte do processo de cura? A disposição para viver a beleza e a simplicidade desta terra é necessária àqueles que buscam uma cura profunda?

Ana: Eu acompanhei João em várias viagens ao estrangeiro e observei que às vezes a pessoa precisa de um tratamento mais profundo. A energia da Casa de Dom Inácio, a corrente da casa, é necessária para esse tratamento. A concentração e o foco da energia aqui é diferente, é mais forte. A pessoa precisa continuar o tratamento prescrito pela Entidade e também entender que, se a Entidade pede que ela volte à Casa, em Abadiânia, é porque precisa de um tratamento mais profundo.

Heather: Você pode nos contar sobre as experiências na Grécia com o Médium João?

Ana: O João atendeu pessoas na Grécia em 2004 e eu tive a oportunidade de ir com ele. Nós tivemos uma acolhida muito calorosa. O João atendeu a milhares de pessoas ao longo de três dias. Muitas delas estavam vendo as Entidades pela primeira vez e tiraram fotos ou o abraçaram. Todos agradeceram muito.

Um bispo ortodoxo que participou da sessão no primeiro dia me impressionou. No final do dia, a Entidade se dirigiu ao bispo e disse a ele que iria curá-lo. O bispo ficou surpreso. Ele não tinha falado com ninguém sobre sua doença. Se emocionou e começou a chorar. Ele voltou todos os dias. Entrava no centro rezando, rezava o dia inteiro e deixava o recinto em prece. Eu vi como ele chorava. Estava pasmo e perguntou ao tradutor, "Como alguém que vem do outro lado (do plano espiritual), alguém que eu nunca vi antes – eu nem sei o nome dele – pode saber a localização exata da minha doença?" O bispo ficou conosco durante os três dias e no último mo trouxe de presente um medalhão e o colocou no pescoço do João.

Heather: O Médium João disse que, quando foi à Grécia, visitou o lugar onde o apóstolo Paulo esteve uma vez. Você também esteve lá com ele?

Ana: Estive. Fomos até a placa, onde havia uma inscrição comemorativa no lugar onde o apóstolo Paulo pregava. Foi um momento muito tocante para João. Outra coisa que me impressionou foi ver quantas pessoas queriam que João as visitasse na casa delas. Nós de fato fomos à casa de algumas pessoas que já tinham visitado a Casa e ficamos encantados ao ver quantos objetos lembravam a Casa: as pinturas do Dr. Augusto, do Dr. Valdivino, do Dr. Oswaldo Cruz, cristais e fotos. Lá, do outro lado do mundo, havia fotos de João e dele incorporado. Ficamos extremamente tocados com isso e com a hospitalidade com que fomos recebidos.

Heather: A minha casa também está cheia de imagens e fotos das Entidades e do Médium João. A experiência de visitar a Casa transformou a vida de milhões de pessoas. Eu nunca encontrei ninguém que tenha dito que não foi afetado de maneira profunda.

Ana: Nunca ninguém me disse que a vida mudou para pior depois de visitar a Casa. Pelo contrário, as pessoas dizem que a vida delas mudou para melhor e algumas foram profundamente transformadas. Isso é fonte de muita alegria. A Casa é um lugar único para aqueles que têm uma base no Espiritismo. Eu acredito que existam muito poucos médiuns no mundo capazes de fazer o trabalho que o Médium João faz. Eu uso o termo *trabalho* me referindo ao trabalho que as Entidades realizam por meio dele, pois não é, na verdade, o João que faz trabalho. As Entidades podem trabalhar por intermédio dele porque ele está disposto a receber, a ficar presente – e por causa da dedicação que mostra ao serviço. Eu posso dizer com certeza, como esposa dele, que a tarefa de servir não é fácil, pois ela não tem dia nem hora. O compromisso dele é constante. Muitas vezes nós marcamos de visitar um amigo ou um dos filhos dele e tivemos de cancelar. Os nossos planos mudam o tempo todo para que possamos atender às pessoas que precisam. Para mim, isso é dedicação total. Eu posso dizer que, se estivesse no lugar dele, acho que não conseguiria me dedicar tanto. Ele se levanta todo dia às duas da manhã para ajudar as pessoas. Como você viu pelas viagens que fez conosco, ele dorme muito pouco.

Heather: À noite, ele incorpora ou trabalha através da prece e da meditação?

Ana: Cada caso é um caso. Às vezes, a pessoa precisa de ajuda espiritual e por meio de orações e de pensamentos ela pede ajuda às Entidades ou ao Médium João. Você pode ter certeza de que, mesmo que a pessoa esteja do outro lado do mundo, ela receberá a energia transmitida através da concentração e das orações do Médium João, e o sofrimento dela será aliviado. As Entidades sempre ouvem quem pede.

Heather: Você sempre parece serena e amável. No entanto, essa vida não deve ser fácil para você.

Ana: É um pouquinho complicado às vezes para nós. Por exemplo, a maioria das pessoas tem o trabalho marcado em horários ou dias em que podem ficar em casa. Não podemos fazer muitos planos. O João muitas vezes sai de casa às três ou quatro horas da manhã ou volta para casa muito tarde. Podemos fazer planos para ter um fim de semana tranqüilo ou para jantar com amigos e de repente ter de ir a São Paulo ou a alguma outra cidade onde o João seja chamado às pressas para trabalhar. O horário dele é feito pelos níveis espirituais superiores. Eu sempre deixo uma mala arrumada para o caso de precisar viajar imediatamente.

Heather: Você parece muito madura para a sua idade.

Ana: As Entidades me disseram que eu sou uma alma antiga, que já viveu muitas encarnações, mas não me sinto assim. Mas sei que sou protegida e guiada pelas Entidades e sou muito grata a Deus.

Heather: É melhor fazer o trabalho espiritual às duas da manhã?

Ana: Acho que precisamos fazer a nossa parte seja a hora que for. Toda vez que rezamos, promovemos benefícios espirituais para nós mesmos e para as outras pessoas. Se pudermos nos reunir em prece num horário em que sabemos que muitos outros estão rezando, podemos criar uma corrente mais forte de energia. No entanto, eu ouço as Entidades dizerem a certas pessoas, "Faça o seu trabalho às duas da manhã". Quem sou eu para dizer qual a melhor hora para o trabalho? Acho que cada pessoa tem o seu livre-arbítrio e a sua própria orientação. Se sentimos vontade de rezar num determinado momento, então abrimos simplesmente o coração a Deus naquele momento. Quando for para a cama, peça às Entidades para abençoar você enquanto dorme, durante a noite, e faça o seu trabalho a qualquer hora. Eu acredito que qualquer hora que você reserve para meditar ou rezar é apropriado.

Heather: O Médium João nos contou na entrevista sobre a viagem que fez a Washington, em março de 2003, uma semana depois que a guerra contra o Iraque foi declarada. Nós recebemos essa incrível invocação pela paz mundial.

Ana: Achei providencial que a visita fosse no próprio local onde foi declarada a guerra. A energia e concentração das pessoas foram muito bonitas. Elas mostraram a sua intenção pura pela paz e pela cura do planeta. O desejo delas de ter um mundo sem guerra era muito forte. Como todos puderam testemunhar, as Entidades promoveram uma cura muito poderosa. Ficamos muito gratos pela oportunidade de trabalhar juntos pela paz mundial e, claro, muitos receberam cura física e espiritual também.

Heather: O que você e o Médium João fazem para relaxar?

Ana: Adoramos cozinhar, fazer pratos simples feitos com muito amor. Às vezes convidamos os amigos mais próximos para jantar conosco. O João adora ficar nas fazendas dele e ele passa muito tempo lá. Ele conta com a renda vinda das fazendas para administrar a Casa. É importante lembrar que nós patrocinamos outros centros espirituais e cozinhas que fazem a sopa no país todo. São muitas despesas. Só na Casa, em Abadiânia, temos uma equipe de mais de trinta funcionários que trabalham em período integral. São muitos gastos. Não só os normais, como eletricidade, mas também oferecemos uma sopa gratuita na Casa e outra Casa da Sopa do outro lado da cidade. Toda a equipe e muitos voluntários recebem uma refeição completa todos os dias. As doações e contribuições não cobrem as despesas, então o João tira do próprio bolso para poder suprir os seus compromissos. Ele trabalha duro nas fazendas e nos seus projetos comerciais para sustentar a Casa. Também ajuda inúmeras pessoas, pagando o colégio e a faculdade delas. João apadrinha muitos, mas ele nunca fala a respeito disso. Acho que esse é um exemplo perfeito de generosidade e espírito de caridade. Ele dá àqueles que precisam sem pedir nada em troca e com muita elegância. Quando uma pessoa precisa de uma cadeira de rodas, um lar temporário ou educação, ele atende ao pedido. O Médium João construiu uma outra Casa no sul do Brasil que ajuda na reabilitação de viciados.

Heather: Que conselho você daria a alguém que visita a Casa pela primeira vez?

Ana: Quando você entrar na Casa pela primeira vez, na verdade todas as vezes, reze para a Fonte Divina – seja qual ela for para você – pela graça de alcançar a cura que você está buscando, seja ela espiritual, física ou emocional, ou a cura de um relacionamento. Venha com o coração aberto para receber tudo o que está buscando e com fé de que será curado. Eu já recebi muito na Casa e acredito que seja pela minha fé profunda. Não só a minha mãe foi curada, mas o meu irmão também passou por uma cirurgia não-física. Nessa época, ele não compreendia a natureza da cura. Sentiu que estava saudável. Mas agora ele compreende muito bem o que aconteceu.

Eu recebi não só curas físicas, mas também a resposta para problemas corriqueiros do mundo material. Se chegamos aqui com fé e disposição, nós recebemos. E o mais importante: é por meio da oração e da concentração nas salas da corrente que as Entidades nos atendem. Não é necessário comunicar às Entidades todos os pedidos e explicações. Elas podem ver o que precisamos. Podem pedir para que anotemos por escrito as nossas perguntas. Às vezes o nosso tempo em frente à Entidade é limitado, mas podemos fazer um pedido mais detalhado por escrito.

Heather: Eu acredito que, se nos dirigirmos à Entidade acreditando e dizendo, "Pai, eu tenho fé que você vai me ajudar!", as Entidades lêem as nossas vibrações, pensamentos e desejos verdadeiros. Você concorda, Ana?

Ana: Acredito que se vê a alma através dos olhos. Acho que as Entidades nos vêem como se fossemos transparentes; é como olhar através de um vidro transparente. Acho que tudo o que não está bem em nós se origina no nível espiritual. As Entidades vêem as origens do problema. Por exemplo, se a pessoa tem problema de bexiga, a causa pode ser espiritual ou emocional. A bexiga física será curada quando esses problemas forem corrigidos. O físico é sempre o último a ser curado. O problema talvez se manifeste na bexiga, mas tenha se originado em outro órgão. Quando esse órgão ficar saudável, a bexiga se curará.

Heather: É verdade que, quando nos aproximamos das Entidades com fé, dizendo, "Eu tenho fé de que o senhor sabe o que preciso para a minha cura mais profunda", damos às Entidades liberdade e permissão para trabalhar na raiz dos nossos problemas e contornar as nossas limitações?

Ana: Nós temos livre-arbítrio. As Entidades não trabalham sem permissão. Depende do que a pessoa quer. Você já deve ter visto ocasiões em que a Entidade diz à pessoa que ela precisa trabalhar. A Entidade pergunta se ela gostaria que o tratamento fosse feito. Ela voltará o número de vezes necessário? Se a pessoa se recusa a voltar, ela fez uma escolha e a Entidade não insiste. Talvez em alguma outra ocasião a pessoa possa voltar e dizer que está pronta para ser curada. As Entidades ajudarão, é claro, mas talvez tenha passado tempo demais e a situação tenha ficado mais complicada. Tudo gira em torno do merecimento, da fé e da escolha do indivíduo.

Heather: Entendo. Você está querendo dizer que a disposição para ficar diante das Entidades e dar a Deus a permissão para curá-lo possibilitam uma cura maior.

Ana: Pelo que eu compreendo, é isso. Estamos todos relacionados, somos todos irmãos. As Entidades não fazem diferença, como se uma pessoa valesse mais do que outra. Elas nos amam igualmente. Às vezes as Entidades passam um tempão conversando com uma pessoa, mas vocês podem ter certeza de que elas atendem a todos do mesmo jeito. Não existe favoritismo. Às vezes as pessoas acham que o tempo delas na fila foi muito curto. Então dizem, "Quando fulano de tal passou na fila, ficou um tempão conversando com a Entidade". Isso pode ser um erro do ponto de vista espiritual, porque a pessoa está com ciúme. Precisamos amar uns aos outros sem disparidade. Temos de nos esforçar para purificar os nossos pensamentos. Quando temos esses pensamentos negativos, quando ficamos prestando atenção na pessoa que está passando mais tempo com a Entidade, quando temos inveja e ressentimento, estamos cometendo uma falta. Nós sempre damos e recebemos energia e os nossos pensamentos podem poluir a corrente de energia. Podemos ficar tristes quando passamos diante da Entidade e ela parece não prestar atenção em nós. Podemos estar desesperados por uma palavra de estímulo, mas pense nisso como um sinal de que hoje estamos bem e que outra pessoa na fila está precisando de mais atenção. Estar na corrente é uma grande oportunidade para dar e receber a graça de Deus. Toda vez que me pedem para ir para a corrente, eu agradeço pela oportunidade de estar nesse espaço sagrado.

Heather: Podemos dizer que, quando nos sentamos na corrente, é melhor abrir o coração para ser um canal da Luz Divina – do Criador, das Entidades de Luz –, para nós mesmos e para todos os nossos irmãos e irmãs. Desse jeito, nós nos abrimos para a luz de cura pelo bem maior de todos. Não é essa a idéia?

Ana: É. Ninguém é perfeito. Estamos ligados à Divindade quando estamos na corrente. Estamos perto de Deus e podemos pedir perdão pelas nossas faltas. Quando digo faltas quero dizer ofender os outros com o nosso comportamento inconsciente; por exemplo, uma resposta cheia de raiva ou um comentário maldoso. Nós abrimos o coração e nos comunicamos com Deus e recebemos orientação quando estamos na corrente. Recebemos as bênçãos de Deus da falange da luz que está trabalhando para nós. Também podemos irradiar luz para ajudar as Entidades, visualizar os cômodos cheios de luz e seguir a nossa intuição.

Heather: Ana, obrigada por compartilhar conosco a sua sabedoria e pela sua gentileza, amor e compaixão.

Ana: Eu também lhe agradeço, Heather, pela sua ajuda e devoção à Casa.

Entrevista com Ana Teixeira Lorenço, em Anápolis, Brasil,
22 de fevereiro de 2005.

O caminho para a Casa

*Entre os paralelos 15º e 20º, um lago se formou
e ali será o berço de uma grande civilização.*

– Dom Bosco

Depois que se pousa em Brasília, num dos aeroportos mais charmosos do mundo, a atmosfera do Brasil logo começa a tomar vida. O saguão aberto, com balcões de atendimento e vendedores ambulantes, está lotado de pessoas indo e vindo. Ao ver o povo brasileiro pela primeira vez, notamos a beleza e alegria cativante que ele tem. Há uma aura de despreocupação em torno dele. Não importa a adversidade, os brasileiros vivem felizes.

Os motoristas de táxi estão acostumados a levar os passageiros para Abadiânia, cidade a uma hora e meia de viagem. O cheiro de mato entra com a brisa pelas janelas abertas. Nuvens roliças e desordenadas se sucedem numa cascata de luzes e cores que deliciam os sentidos. Elas parecem tão próximas que podemos tocá-las com a mão.

Brasília é a capital do Brasil e foi construída de acordo com a visão de Dom Bosco, um padre italiano nascido em 1815, fundador da ordem dos salesianos. Dom Bosco teve um sonho profético em 1833, sobre o qual ele afirmou: "Entre os paralelos 15º e 20º, há um leito largo e extenso, nas proximidades de um lago. Quando começarem a escavar as minas escondidas entre essas montanhas, surgirá nesse sítio a terra prometida, de onde fluirá leite e mel de valor inconcebível."

O presidente Juscelino Kubitschek cumpriu a promessa que fez em campanha de construir a nova capital seguindo a orientação de Dom Bosco. Construída na década de 1960, a cidade tem o formato de avião; na fuselagem ficam os ministérios e os prédios do governo; e nas asas, os hotéis, os bairros comerciais e as casas. A residência do presidente do país e a do vice-presidente estão situadas na "cabine". O primeiro projetista da cidade foi o arquiteto futurista Oscar Niemeyer.

Abadiânia está situada a aproximadamente 115 quilômetros ao sul de Brasília. A temperatura média é de 20 graus. O mês mais quente do ano é dezembro, quando a média máxima é 29 graus; o mês mais frio é julho, quando a média mínima é de 13 graus. Abadiânia tem uma população aproximada de 13 mil habitantes, incluindo os municípios dos arredores. A altitude é de 1.052 metros acima do nível do mar.

A estrada para Abadiânia atravessa a floresta virgem e passa por colinas ondulantes e férteis pastagens pontilhadas de rebanhos de gado branco. A distância, surge a cidadezinha de Abadiânia. Embora ela um dia tenha sido uma cidade calma e poeirenta, a chegada dos estrangeiros estimulou o crescimento da comunidade. Mesmo assim, as lojas são casinhas construídas com tijolos feitos na região. Um número cada vez maior de pousadas pipocam ao longo da estrada, até a casa a que milhares de pessoas se dirigem para ver João de Deus: de mil a três mil por dia, às vezes mais.

Todos vestindo branco, os hóspedes caminham pela rua principal para a primeira sessão da manhã. As Entidades de Luz que trabalham por intermédio de João de Deus preferem que os visitantes usem branco porque isso torna o campo energético mais visível. Pessoas em cadeiras de rodas, jovens e anciães, cegos e gente com todo tipo de enfermidade visitam a Casa de Dom Inácio de Loyola em busca de cura. Os novos portões da

Casa foram construídos recentemente e a energia de cura pode ser sentida logo que os atravessamos. De modo inexplicável mas palpável, as Entidades já estão trabalhando; a disposição interior das pessoas começa a mudar. Elas conseguem respirar com mais facilidade nessa atmosfera de amor espiritual, deixar de lado os fardos que carregam e se concentrar na prece.

Bem na frente dos portões está a loja de cristais, uma pequena estrutura onde são distribuídas as senhas para as salas da corrente e para passar diante da Entidade. A loja tem livros, rosários, cristais e, o mais importante, água fluidificada pelas Entidades à venda. No caminho para o salão principal, onde as pessoas se reúnem para as sessões das salas da corrente, uma lanchonete oferece iguarias da região e salgadinhos, sucos e a deliciosa água de coco. Do outro lado, há uma sala apinhada de objetos que deixaram de ser necessários – muletas, cadeiras de rodas e óculos empilhados a esmo.

O salão principal tem cadeiras confortáveis e bancos onde os visitantes esperam pelas sessões, que acontecem num pequeno palco na frente do salão. Nas paredes, pinturas das Entidades, de Jesus e fotos de espíritos. Um pequeno televisor exibe vídeos de João de Deus realizando cirurgias. A sala das cirurgias, as salas da corrente da Entidade e a sala de recuperação, com doze macas, estão localizadas na frente do salão. Os visitantes passam grande parte do tempo em oração e meditando nessas áreas. Os voluntários da sala de recuperação atendem às pessoas que se recuperam das cirurgias físicas, até que elas possam voltar às pousadas para um descanso mais completo. Os jardins da Casa resplandecem de flores, mangueiras e abacateiros. O terraço panorâmico oferece uma vista para a paisagem deslumbrante, com os seus poentes carmesins ao entardecer. O vale mais embaixo se estende por quilômetros, até uma planície a distância, coberta com árvores florescentes e uma estradinha de terra vermelha – tão típica no Brasil –, que leva à cachoeira sagrada, oculta na mata. O prédio que abriga as salas de tratamento com cristais está localizado à direita, perto dos jardins.

A Casa foi projetada para comportar centenas de visitantes a cada dia. Do outro lado do jardim fica a cozinha, onde é preparada às quartas, quintas e sextas-feiras uma sopa nutritiva para os hóspedes da Casa. Essas instalações são um espaço sagrado, e todos que as visitam são convidados a serem gentis e respeitosos com todos os seus irmãos e irmãos enquanto estiverem na Casa. Pede-se nas orações a cura de todos, pois quando uma pessoa é curada, todos são curados. Uma vida de equilíbrio e harmonia – essa é a paz e a tranqüilidade da Casa.

Os visitantes fazem caminhadas pelo vale de manhã cedo, em meio à quietude da neblina. Sintonizados com o ritmo dessa bela terra, somos muitas vezes presenteados com vislumbres de araras azuis e amarelas ou vermelhas, papagaios, beija-flores, gaviões, tucanos, pica-paus e serpentários. As corujas também são uma visão bem comum em Abadiânia.

As Entidades, percebendo o influxo constante de pessoas, começaram a expandir a infra-estrutura da Casa para acomodar a todos. Uma nova extensão da sala da corrente da Entidade foi concluída em 2004 e foram instalados ventiladores em todas as salas da corrente. Muitos guias de excursões e visitantes agradecidos doam tempo e dinheiro para as reformas da Casa.

FILHOS DA CASA

Muitas pessoas maravilhosas trabalham e se oferecem como voluntários na Casa para ajudar o Médium João a cumprir a sua missão. Algumas histórias são relatadas nas páginas seguintes, mas existem muitos "filhos" que dedicam a vida à Casa e que são importantes para o sucesso desse trabalho. Infelizmente, só pudemos mencionar alguns devido ao espaço limitado, mas muitas outras histórias de curas milagrosas são relatadas no Capítulo 10.

▲

ENCONTRO AO ACASO

Sebastião da Silva Lima

Sebastião nasceu em 1952, em Olhos D'Água, Goiás. Ele é o secretário oficial da Casa, que recebe cada visitante que chega, todas as quartas, quintas e sextas, esteja o Médium João na Casa ou em viagem. Ele é um médium extremamente evoluído e arguto, que está a serviço da Casa há mais de trinta anos. Mais conhecido como Tião, ele é um enfermeiro experiente e professor primário, além de ter passado oito anos no seminário. Sebastião inicia os trabalhos da Casa com orações de boas-vindas.

Sebastião conheceu o Médium João por acaso. Ele se enamorou de uma jovem bonita, que era "carpideira". Naquela época, havia mulheres que eram pagas para chorar em velórios. Ele foi ao centro onde ela trabalhava e lá encontrou as Entidades pela primeira vez. Posteriormente, recomendaram que ele conhecesse o Médium João.

Sebastião fala sobre o Médium João:

Era extremamente confuso. Os olhos dele mudavam de cor: castanhos, verdes e depois muito azuis. Quando conheci João, ele me disse que há muito tempo esperava por mim. Nós nos tornamos amigos e eu continuo com ele desde então. A mãe dele, dona Iuca, era uma mulher muito estimada. Ela me tratava como filho e me pedia para ficar sempre ao lado do João. Tenho visto muitas curas maravilhosas, desde Aids até cegueira. Uma vez, a Entidade disse a três homens, "Aqueles que não têm fé que cortem a minha pele". Então ela mostrou aos homens onde cortar o peito do Médium João. Quando ele passou a mão sobre o corte cheio de sangue, ele se curou e cicatrizou diante dos nossos olhos. Às vezes a Entidade olha para uma pessoa e pede para ela levantar a camisa. Há uma cicatriz onde a cirurgia foi feita sem que a pessoa tivesse ao menos sido tocada. A Entidade muitas vezes passa a mão sobre as feridas e elas se curam instantaneamente.

Quando o Médium João teve um derrame e ficou com um lado do corpo paralisado, as Entidades o operaram e ele voltou a ficar normal, como você o vê agora. Quando este lugar foi escolhido para construir a Casa, Dom Inácio incorporou e marcou o local onde a parede do salão principal e o triângulo estão agora. Uma vez, quando fomos interrogados na delegacia – naqueles dias isso acontecia com freqüência, embora agora ele possa trabalhar sem impedimentos –, a Entidade incorporou e disse ao delegado que sabia que a filha dele tinha um problema cardíaco e estava para ser operada. A menina de 16 anos foi trazida e a Entidade pousou uma faca de cozinha ligeiramente acima do coração dela, sem cortá-la. Naquela noite ela sentiu muita dor e foi levada para o hospital. Fizeram um exame de raios X e deu para ver cicatrizes internas em torno da região dolorida. Oito dias depois, os pais a trouxeram para uma revisão. A filha do delegado estava curada e nunca mais precisou passar por nenhuma cirurgia. Acredito que fomos interrogados naquele dia para salvar a vida dessa moça. Por isso estou aqui e continuarei a servir ao lado do Médium João pelo tempo em que eu for necessário.

Eu já contei a história do rosário muitas vezes. Eu estava em São Paulo com o Médium João e com mais outros dois da Casa. Quando estávamos nos preparando para voltar, um homem se aproximou de mim e colocou na minha mão quatro rosários pequenos, de madeira. Eu olhei para os rosários e levantei a cabeça para agradecer ao homem, mas ele tinha sumido. Ficamos perplexos, mas estávamos acostumados a ver coisas estranhas acontecendo em torno do Médium João. Nunca sabíamos o que podia acontecer. Eu coloquei um rosário no bolso da camisa do João e os outros no bolso da camisa de cada um dos outros homens. Nós conversamos a respeito e depois partimos. Eles voltariam de ônibus e nós pegaríamos um avião. Um piloto que era um freqüentador assíduo da Casa tinha nos dado as passagens de graça. O Médium João caiu no sono enquanto esperava o vôo ser chamado e eu simplesmente não consegui acordá-lo. Perdemos o vôo. Eu fiquei aborrecido, mas o Médium João estava muito animado. Disse que a bela mulher tinha vindo até ele novamente. Tinha sido um sonho vívido do qual ele não queria acordar. Ele estava se referindo à Santa Rita. Pegamos o vôo que partiu em seguida.

Na metade do vôo, aproximadamente, fomos chamados na cabine do avião. Isso era normal, porque o Médium João é muito conhecido. Eles então nos disseram para não nos preocuparmos, mas que o vôo que pegaríamos tinha sofrido um acidente na hora da aterrissagem e que, por algum motivo, nós ainda estávamos na lista de passageiros desse vôo. Eles queriam então passar por rádio os nossos nomes ao aeroporto de Goiânia, para que pudessem assegurar aos familiares de que estávamos bem. Os noticiários estavam mostrando o acidente e havia um grande caos no aeroporto. Ficamos gratos por ter perdido aquele vôo.

Eu coloquei a mão no bolso e ali estava o rosário que tinha ganho de presente, mas estava quebrado. Mostrei-o ao João, e ele pôs a mão no bolso e tirou dali um rosário partido também. Liguei para os meus amigos no dia seguinte. Quando eles pegaram os rosários, viram que ambos estavam quebrados. Acredito que fomos protegidos por uma forte energia naquele dia.

▲

TOTALMENTE CURADO
Arthur Henrique Rios dos Santos

Arthur é um voluntário e intérprete muito querido da Casa de Dom Inácio, e acompanha o Médium João em suas viagens pelo Brasil.

Arthur explica o seu caso:

Anos atrás sofri um acidente em Sydney, na Austrália, quando trabalhava como pedreiro. Um bloco de oitenta tijolos amarrados, que pesava 120 quilos, caiu sobre minha perna esquerda e esmagou nervos e ligamentos, exigindo que eu fizesse um enxerto. A partir daí, a minha vida mudou totalmente. Fui submetido a seis cirurgias na Austrália e nada adiantou. Sentia fortes dores e inchaços. Submeti-me uma vez à aplicação de agulhas na região lombar para aliviar a dor. Como eu não melhorava, já tinha mais duas cirurgias marcadas. Usava bengala e tornozeleira para diminuir a dor, que me impedia de usar sapatos e calçar sandálias.

Ao tomar conhecimento da Casa de Dom Inácio, viajei para Abadiânia. Na primeira consulta, o meu tornozelo foi examinado e foram prescritos alguns remédios, com a recomendação de retornar mais cinco vezes ao local. Em casa, uma noite, depois de já ter iniciado os remédios, passei por uma cirurgia invisível realizada por uma Entidade do sexo feminino que julguei ser a "Irmã Sheila". Num sonho, eu sentia muitas dores e chorava bastante e esse espírito me dizia para eu não me preocupar. Na segunda vez em que fui à Casa de Dom Inácio, eu fui submetido a outra cirurgia, invisível e a Entidade me retirou a bengala. Depois retornei mais três vezes, conforme me recomendou a Entidade.

Fiquei totalmente curado. Passei a andar quatorze quilômetros diariamente, sem sentir nada de anormal.

▲

UM CASO DE EMERGÊNCIA
Martin Mosqueira

Martin é um homem de boa índole, paciente, bondoso e muito dedicado à missão do Médium João. Martin e a esposa, Fernanda, dirigem duas pousadas: *Namastê* e *Irmão Sol Irmã Lua*. Muitas vezes as Entidades tinham dito a Martin, "Não se preocupe. Você nunca acabará numa cadeira de rodas".

Martin explica como as Entidades o curaram:
Eu conheci a Casa quando vim da Argentina em 1993. A minha mãe me trouxe aqui. Eu a levei para consultar um especialista, pois ela tinha uma dor nas costas crônica. Os médicos fizeram todo tipo de exame, um *check-up* completo, e depois lhe disseram para vir ao Brasil e procurar João de Deus.

Mais tarde, estávamos cruzando Buenos Aires de carro – você sabe, é uma cidade imensa –, para chegar à nossa casa em La Plata. Depois de dirigir durante umas duas horas, nós paramos nos arredores da cidade para abastecer e fazer uma refeição. Era uma lanchonete simples, de caminhoneiros. Fizemos o pedido ao garçom e começamos a conversar com outro freguês. Conversamos sobre muitas coisas, mas então ele disse à minha mãe que ela devia ir ao Brasil, visitar João de Deus, pois ele poderia ajudá-la com a dor nas costas. Bem, isso chamou a nossa atenção. Não poderia ser coincidência que nos recomendassem duas vezes para ir ao Brasil num prazo de duas horas. Claro, viemos para Abadiânia. Na mesma hora eu me senti à vontade. Era como se eu estivesse em casa. Conheci Fernanda em Abadiânia e nos casamos. Logo abrimos a nossa primeira pousada. A minha mãe tem uma casa aqui também agora e ela passa muito do seu tempo na Casa, trabalhando na sala da corrente. Há muitas histórias de cura que eu poderia contar, mas vou descrever aqui a história das minhas costas.

Era abril de 2000, quando o meu filho tinha só um mês de idade. Eu estava brincando com o meu enteado, atirando no ar um aviãozinho de brinquedo. Então ele caiu no telhado da vizinha. Ela estava fora e a casa estava vazia, então eu subi no telhado para pegar o brinquedo. Tentei andar com cuidado sobre as telhas, mas de repente o meu pé quebrou uma telha e eu caí do telhado direto no chão de ladrilhos. Ai! Foi duro! Eu devo ter amortecido a queda com a mão, porque senti uma dor esmagadora no pulso. Olhei o meu braço e vi que ele fazia um ângulo de 75 graus com a mão. A pele estava intacta, mas o braço com certeza não. Eu estava deitado de costas. Levantei-me devagar, sentindo as costas um pouquinho doloridas, mas a mão precisava de tratamento urgente. Fomos para o Hospital Ortopédico de Anápolis. O médico queria operar e colocar pinos metálicos para fixar o osso. Eu me recusei a fazer tudo aquilo e pedi para só engessarem o braço. No dia seguinte, uma sexta-feira, fiquei diante da Entidade. Ela só disse "humm...", deu de ombros e me mandou sentar na corrente.

A dor realmente começou a piorar durante o fim de semana. A minha mão ficou muito inchada e pressionava o gesso. A dor era intensa e a mão latejava o tempo todo. Voltei a falar com a Entidade na quarta-feira, mostrei a ela a mão inchada e contei sobre a dor. Ela disse, "Você deveria estar feliz. Poderia estar numa cadeira de rodas". Disse para eu me sentar na corrente, pois me ajudaria. A dor ficou mais forte quando eu me sentei. Senti um ponto realmente quente, como se alguém tivesse encostado a ponta de um cigarro aceso no meu polegar, logo abaixo da unha. A dor naquele ponto foi excruciante. Dei uma olhada para ver se não havia ninguém encostando um cigarro em mim. No final da sessão, a dor e o ponto quente imediatamente sumiram, mas quando olhei o meu polegar havia um pequeno corte e um círculo azul e preto onde eu tivera a sensação de queimação. Olhe aqui a cicatriz.

(A Entidade) Dr. Augusto me disse que tinha sido feito um *trabalho*, um termo que as Entidades usam para descrever o trabalho espiritual. Dois meses depois, o Dr. Augusto chamou o Antão e pediu que ele tirasse o meu gesso. Saímos da sala e o Antão começou a serrar o gesso com uma serra de madeira. Ficou uma pequena cicatriz, mas ele removeu o gesso perfeitamente. A minha mão e o meu braço estavam pesados, flácidos e sem movimento. A Entidade disse para eu não me preocupar, pois com o tempo e os exercícios eu recuperaria a força. Ele está perfeito agora. Não foi necessário nenhum pino ou placa metálica.

Em 27 de setembro desse mesmo ano, a Entidade recomendou que não comêssemos carne vermelha até segunda ordem e que em noventa dias ele teria uma surpresa para mim. Eu marquei no calendário. Em dezembro, eu fui de carro para a Argentina com a minha família, viajando sem pressa e parando no caminho para visitar a família da Fernanda. No dia 17 de dezembro, na casa da minha família em La Plata, eu de repente senti uma forte dor nas costas que foi aos poucos se agravando. Na véspera de Natal, a dor estava tão forte que eu não conseguia mais ficar ereto nem andar, o tronco quase num ângulo reto com a cintura. A minha família me levou ao médico, que prescreveu um antiinflamatório fortíssimo e recomendou que eu fizesse uma tomografia. A situação ficou muito pior e no dia de Natal uma amiga que tinha uma clínica abriu o consultório para me fazer uma tomografia. Dois dias depois, eu me consultei com um especialista renomado em La Plata. Ele examinou a tomografia e me disse, em termos incertos, que eu deveria ser operado imediatamente. Eu estava com hérnia de disco em L5 e S1, mais de dois centímetros. Quando me curvei para pegar um papel no chão, ele ficou horrorizado e disse que eu não devia dobrar o corpo. Uma simples caminhada pela rua podia provocar um colapso e me deixar paralisado e numa cadeira de rodas. Era de fato um caso de emergência.

A data era 27 de dezembro – exatamente noventa dias depois que a Entidade me avisou que teria uma surpresa para mim. Eu estava destroçado. A minha família queria que eu fizesse a cirurgia imediatamente, mas eu me sentia arrasado. Tinha certeza de que as Entidades podiam me curar, mas como eu iria voltar para Abadiânia? Os dias seguintes foram extremamente estressantes. A minha família estava exasperada comigo pela demora em fazer a cirurgia, pois o médico os havia convencido da minha situação precária.

Eu não conseguia dormir. Em qualquer posição, de pé ou deitado, a agonia era a mesma. A dor era excruciante e não dava trégua. O cirurgião me tirou os relaxantes musculares e prescreveu morfina. Disse que os relaxantes musculares poderiam piorar o trauma, fazendo com que o disco herniado degenerasse completamente. Isso significaria paralisia com certeza. O cirurgião já tinha visto vários casos parecidos, mas nenhum tão grave. Ele tinha desenvolvido um procedimento cirúrgico especial para corrigir esse tipo de problema e já relatara uma taxa de oitenta por cento de intervenções bem-sucedidas. Ele já tinha ajudado muitos caminhoneiros que percorriam longas distâncias e motoristas de ônibus que sofriam com o mesmo problema. Sem o tratamento, os prognósticos eram desoladores.

Eu liguei para o Médium João e ele me disse que as Entidades estavam a par da situação. Ele instruiu Fernanda para que nós dois nos vestíssemos de branco e para que ela trabalhasse comigo às duas da manhã, com preces e cura com imposição de mãos. As Entidades lhe disseram que iam me ajudar. Quando telefonei novamente, o Médium João me disse para voltar à Casa de qualquer maneira: de ônibus, avião, cavalo ou carroça. A escolha era minha, mas ele assumiria toda a responsabilidade. Afirmou que as Entidades tinham prometido resolver o meu caso. Para horror da minha família, eu decidi vir de carro. A minha irmã nos acompanhou e dirigiu durante a metade do percurso de três mil quilômetros. Era como se eu tivesse resolvido mergulhar de olhos vendados numa piscina profunda, sem saber com certeza se a piscina estava cheia d'água. Mas eu acreditava nas Entidades e, se pessoas do mundo todo vinham para serem tratadas por elas, eu também deveria confiar e ter fé. Se as Entidades tivessem me dito para ficar na Argentina e sofrer a cirurgia, eu teria feito isso.

Chegamos em Abadiânia numa sexta-feira à noite, mas eu tive de esperar até quarta-feira para consultar as Entidades. O médico tinha me dado morfina, mas ela quase não surtia efeito. Na quarta-feira, a Entidade recomendou que eu voltasse às duas da tarde, para uma cirurgia. Quando chegou a hora, eu me deitei numa maca. Fechei os olhos e acomodei o corpo para ficar numa posição mais confortável. Pareceu que havia se passado um segundo, mas quando abri os olhos vi pessoas passando. Esperei ouvir a voz do Sebastião, preparando-me para a cirurgia, mas em vez disso alguém veio me acordar. A sessão havia terminado. Eu tinha vivido um lapso completo no tempo. A sessão inteira, mais de uma hora e meia, tinha se passado num abrir e fechar de olhos. Eu estava exausto e fui para casa descansar, sentindo que era importante seguir cuidadosamente as instruções das Entidades. Depois de oito dias, eu comecei a me sentir mais forte.

Um dia, a Entidade (o Dr. Augusto) levantou a minha camisa e correu a mão, ou talvez um bisturi, pela parte inferior da minha coluna. Numa outra ocasião, quando dava palmadinhas na minha região lombar, senti um puxão, como se tudo estivesse voltando para o lugar. A dor começou a diminuir aos poucos nos dois meses seguintes, até que um dia eu acordei e não senti mais dor. Como vê, as minhas costas agora estão retas, fortes e totalmente recuperadas.

A cirurgia por representante é realizada para a pessoa que não tem condições de vir à Casa. Com a permissão e as instruções das Entidades, o representante vai para a sala de cirurgias no dia marcado e se concentra no amigo necessitado que está em casa. No entanto, a pessoa que recebe o tratamento segue uma dieta. A Entidade mandou um amigo à cachoeira para representar o trabalho que elas queriam fazer em mim nesse local, explicou Martin. No caso do Martin, o amigo representou-o na cachoeira

LUCAS QUER UM IRMÃO
Sandro Teixeira de Faria

Sandro é um dos filhos do Médium João. Ele é advogado e trabalhou durante muitos anos na Casa, supervisionando a produção de DVDs e vídeos e outras questões comerciais ou relacionadas à informática. Ele não cansa de dizer que é filho de um dos maiores médiuns do mundo. Não é fácil para ele viver na sombra do pai, mas ele ama João e o admira profundamente. Sandro tem um jeito envolvente e um sorriso radiante.

O filho de Sandro, Lucas, é para ele motivo de grande alegria. Nos últimos anos, o menino se dirigiu muitas vezes à Entidade (o Dr. Augusto) e disse, "Vovô, eu quero um irmão. Estou cansado de ser filho único".

"Agora temos outro milagre a caminho." O rosto de Sandro se ilumina quando ele dá a emocionante notícia. "A minha esposa havia amarrado as trompas e eu sofri um acidente muito grave anos atrás que culminou numa vasectomia. Pensamos que não poderíamos ter mais filhos, mas agora a minha mulher deu à luz nosso segundo filho, um presente das Entidades. Talvez também seja por causa da persistência do nosso filho Lucas."

DOM INÁCIO TRAZ UM MÉDICO DO BARDO
Dr. Roger

O Dr. Roger Queiroz era psiquiatra de um renomado hospital de Brasília. Cético com relação a questões espirituais, viera à Casa apenas para trazer a mãe e a esposa. Recusou todo tipo de ajuda que as Entidades ofereceram a ele. Gostava de ir à Casa porque as pessoas eram gentis e atenciosas, mas ridicularizava os tratamentos e cirurgias. A pressão alta, o sedentarismo e uma alimentação rica em gordura tinham provocado uma doença cardíaca quando ele tinha 49 anos. A Entidade lhe recomendou uma cirurgia espiritual, dizendo que ele poderia ser curado, mas o Dr. Roger recusou-se terminantemente.

O problema dele foi se agravando, até exigir cirurgia. O Dr. Roger foi internado num hospital, para ser operado por colegas de profissão. Enquanto esperava pela cirurgia, sentiu a presença de um espírito que parecia querer ajudar. Bobagem, pensou. *Devo estar nervoso diante da expectativa da cirurgia e com as constantes conversas da minha família sobre espíritos.* Momentos depois, ele sofreu um forte ataque cardíaco e foi levado às pressas para a sala de cirurgias, mas não resistiu. O Dr. Roger morreu na mesa de cirurgia. O cirurgião comunicou o ocorrido à esposa dele, Marilene, que telefonou para a Casa imediatamente e pediu para Sebastião transmitir a notícia à Entidade. Sebastião passou o telefone para a Entidade, que a instruiu para que o corpo não fosse removido da sala de cirurgias até as três da tarde. Ela deveria permanecer ao lado do corpo. O Dr. Roger estava recebendo ajuda e o corpo dele *não* deveria ser removido.

Segundo registros, o óbito ocorreu às 10:15 da manhã. É muito incomum, no Brasil, que um corpo seja deixado na sala de cirurgias por tanto tempo. O sepultamento geralmente acontece em 24 horas. Contudo, como se tratava de um colega e médico do hospital, o cirurgião teve pena da viúva e instruiu os enfermeiros a deixar o corpo na sala até que ele voltasse, às três horas da tarde. Uma enfermeira ficaria com o corpo.

O Dr. Roger, enquanto isso, sentia-se flutuando sobre a Casa. Ele foi levado para as profundezas da Terra e ali viu as camas de cristal de quartzo e o rio subterrâneo que corria sob a Casa. Contou que se refrescou nas águas desse maravilhoso fluxo d'água. No mesmo instante, enquanto o seu corpo repousava na sala de cirurgias, a enfermeira relatou que, inexplicavelmente, o tronco do Dr. Roger ficou encharcado e gotas d'água espirraram no chão.

Em seguida, a sua jornada o levou a um lugar de extremo sofrimento, numa região trevosa onde as pessoas gemiam incessantemente, perdidas, confusas e solitárias. Quando ele conta essa parte da história, mal consegue conter as lágrimas. É uma lembrança nítida e horrível. Em meio à névoa, ele se aproximou de um padre (Dom Inácio). Nesse ponto, o Dr. Roger ficou intrigado. Ele se perguntou, *Por que um padre me procuraria? Sou descrente e sempre ridicularizei os "homens de batina" e a Igreja...*

A Entidade (Dom Inácio) se apresentou e abraçou o Dr. Roger. Então levou-o a um lugar de extrema beleza, onde o Dr. Roger se maravilhou com o esplendor das cercanias – como as quais ele nunca vira antes. Superavam a sua imaginação. Ele perguntou a Dom Inácio por que estavam juntos e o padre explicou que ele tinha acompanhado a esposa à Casa, mas não acreditara no trabalho ali realizado. Dom Inácio aconselhou Roger, explicando que ele não estava mais no corpo físico. Continuou com os profundos ensinamentos e disse ao Dr. Roger que ele tinha muito trabalho a fazer e ajudaria muitas pessoas. Dom Inácio também o lembrou do seu livre-arbítrio e de que a escolha seria dele. Quando ele concordou em realizar o trabalho espiritual sugerido pela Entidade, foi trazido de volta ao corpo para concluir a sua vida na Terra.

O Dr. Roger abriu os olhos e pediu água um pouco antes das três horas. A enfermeira saiu correndo da sala, em choque. O Dr. Roger ficou impressionado com a reação dela, mas logo ficou preocupado porque não lhe traziam água. Duas enfermeiras espiaram pelo vão da porta, mas não entraram. Finalmente, um médico chegou e fez um exame cuidadoso. Não podia acreditar, pois o Dr. Roger estava vivo e parecia não ter sofrido nenhum dano cerebral. Ao longo dos dois dias seguintes, os médicos fizeram uma bateria de exames, mas nenhuma explicação foi encontrada e o Dr. Roger recebeu alta do hospital. Seguindo as orientações de Dom Inácio, ele foi sem demora à Casa com a esposa. Quando cruzou o salão principal a caminho da sala da corrente, o Médium João saiu do escritório e veio abraçá-lo, sussurrando em seu ouvido, "Filho, não foi fácil, mas você está em casa. Agora há um trabalho a ser feito". Foi na verdade Dom Inácio que incorporou no Médium João e disse essas palavras.

A vida do Dr. Roger mudou completamente. Ele viaja a convite de centros espíritas para contar a sua história. Está esbelto e saudável, e dedica a sua vida a ajudar o próximo. Já ajudou muitas pessoas que estavam deprimidas, à beira do suicídio.

Uma vez, ele e Marilene estavam deixando o Rio para voltar para casa, em Brasília, quando se sentiu "puxado de volta". Ele já tinha aprendido a atender ao chamado. Foram para Copacabana e almoçaram enquanto esperavam na praia, para ver o que ia acontecer. Ele notou uma mulher que estava pulando as ondas, submergindo e sendo puxada violentamente pela corrente e arrastada de volta para a areia. A corrente era perigosa nessa parte da praia, e o vento soprava forte. A mulher repetiu esse movimento várias vezes, perdendo visivelmente as forças a cada esforço. O Dr. Roger, perplexo, caminhou até ela. Viu que se tratava de uma senhora de idade. "Ouça, o mar está perigoso. A senhora pode se afogar", ele disse. Ela ficou zangada e lhe disse para deixá-la em paz, porque ela estava tentando fazer justamente isso – se afogar. Achava que não tinha razão para viver.

O Dr. Roger ficou com ela e lhe contou a sua história. Ele, também, tinha achado um dia que a vida era vazia e sem propósito, mas agora aproveitava cada instante com gratidão. A mulher rompeu em lágrimas e pediu que o Dr. Roger e a sua esposa a levassem para casa. Ela morava num apartamento amplo, a uma quadra da praia. Era proprietária de quase todo o edifício. Admitiu que era uma pessoa rica, do ponto de vista material, mas miserável do ponto de vista espiritual. Ela é uma mulher diferente agora e abraçou a vida com paixão. Ela e o Dr. Roger se tornaram bons amigos.

O Dr. Roger tem muitas outras histórias para contar sobre a sua missão. Ele é um homem feliz. Disse que deixará este mundo quando Dom Inácio chamá-lo. Não é hora ainda, mas ele estará pronto e não tem medo nenhum. O Dr. Roger passou por um despertar espiritual e compreendeu a sua missão.

Sebastião nos lembra de que o mérito também é da esposa do Dr. Roger, pois foi a sua fé que a levou a buscar o auxílio da Casa. Foi preciso grande coragem e convicção para que essa mulher, enlutada, desafiasse as autoridades médicas e os convencesse a não levar o corpo do marido para o necrotério.

DESMASCARANDO UM CHARLATÃO
Edemar Gonçalves Rocha

Em 1973, Edemar visitou o amigo Niltácio, que estava doente. A mulher dele, Nati, estava aborrecida porque um curador tinha vindo à casa deles e dito que, se emprestassem as suas jóias e relógios, ele os devolveria energizados e Niltácio seria curado. Infelizmente, tratava-se de um charlatão que roubara os seus bens.

Edemar ficou chateado com o ocorrido e, por ser advogado, achou que era seu dever encontrar o ladrão e recuperar os pertences roubados. Um pouco mais tarde nesse mesmo dia, ele foi pegar a esposa na escola onde ela trabalhava, como de costume. Ela estava animada porque soubera que um grande curador, João de Deus, estava visitando uma amiga e colega de trabalho. Esse médium, ela disse, comparava-se ao famoso médium Zé Arigó, que incorporava o Dr. Fritz (o espírito de um renomado cirurgião alemão). Ela queria que Edemar a acompanhasse numa visita ao médium.

Edemar conta a história:

Crente de que esse homem deveria ser o mesmo impostor que roubara os meus amigos, eu fiquei ansioso para conhecer o médium o mais rápido possível para desmascará-lo e prendê-lo. Conhecendo o meu ceticismo, a minha mulher ficou surpresa com a minha disposição para acompanhá-la, mas eu não revelei as minhas verdadeiras intenções.

Ao chegar à casa onde o médium estava hospedado, aproximei-me dele e perguntei se poderia observar o trabalho dele de perto. O Médium João respondeu, "Claro, é para todo mundo ver". Então ele incorporou e me convidou para ficar ao lado dele. Pediu para uma mulher se sentar num banquinho em frente a ele e então começou a operá-la, passando no olho dela um algodão embebido em água benta. Depois ele raspou o olho dela com uma faca comum. Era uma faca de cozinha comum, de serra. O rosto dela estava sereno; não pareceu sentir medo durante toda a cirurgia. Eu observei tudo com cuidado de uma distância de quase meio metro. Mais tarde, ela disse que não sentiu dor nenhuma. Eu estava pasmo. Com toda certeza não se tratava de encenação, como eu esperava.

Depois da cirurgia, eu perguntei à Entidade, "O senhor pode me dizer do que eu preciso?" A Entidade disse que eu precisava de uma cirurgia no olho esquerdo. Mais uma vez, fiquei sem fala. Havia apenas algumas semanas, eu tinha ido ao oftalmologista por causa de uma grave irritação nos olhos. O médico explicou que o canal lacrimal estava obstruído e eu precisaria de uma cirurgia. Ninguém sabia que eu tinha ido ao oculista, nem a minha mulher. Essa era a confirmação da verdade manifestando-se diante de mim. A Entidade pediu que eu me sentasse. Eu estava apavorado e comecei a transpirar profusamente, crente de que o meu olho seria raspado. A Entidade pediu que eu fitasse a multidão. Eu queria fugir dali; estava tremendo de medo. Mas, raciocinei, eu era um profissional conhecido. Tinha uma boa reputação a zelar como advogado bem-sucedido e era um tanto durão e intransigente. Eu já tinha defendido casos difíceis e conseguira um bom número de vitórias, não só no meu estado, mas em muitos outros estados em que trabalhei. O que pareceria se eu bancasse o covarde e corresse dali, depois de aquela mulher ter o seu olho raspado? A minha reputação seria enxovalhada. As pessoas fariam piada e eu perderia os meus clientes. Por isso fiquei, embora relutante.

A Entidade esfregou gentilmente o meu olho com algodão embebido em água fluidificada e raspou com um cotonete, não com a faca. Eu não senti dor nenhuma. O meu olho foi curado imediatamente e eu nunca precisei fazer nenhuma cirurgia para desobstruir o canal lacrimal. Então perguntei à Entidade se ela podia curar o meu problema de ouvido. Eu era piloto e precisava ouvir muito bem para tirar o meu brevê. A Entidade disse, "Eu poderia curar agora mesmo o seu ouvido, mas trata-se de um débito de uma vida passada. Se eu curá-lo do ouvido agora, outro problema surgirá no seu corpo, possivelmente até pior, porque você está pagando um débito de uma vida passada. Eu não posso curar isso agora porque você não está espiritualmente maduro. Precisa prestar serviço e trabalhar para libertar-se espiritualmente. Aí sim eu poderei cuidar do seu problema".

Ao longo dos anos, o meu problema de ouvido foi piorando. Consultei um cirurgião que me disse que poderia operá-lo, mas era arriscado. Preferi seguir o conselho da Entidade e conviver com o problema. Nunca pegamos o ladrão, mas eu encontrei o curador verdadeiro, João de Deus. E também encontrei nele um amigo maravilhoso.

Edemar continua:

Isso não é ficção. Só fico satisfeito quando posso incluir todos os detalhes e a verdade absoluta. Espero que tenham paciência comigo. A primeira vez que vim a Abadiânia, a Casa ficava do outro lado da estrada, numa casinha. Eu morava em Colinas naquela época, mas fui para Conceição da Araguaia, no estado do Pará, a negócios e para visitar um primo. Quando me aproximei do meu primo, ele estava dizendo aos amigos que queria encontrar um curador que fazia milagres. Eu disse, "Eu o conheço. O nome dele é *João de Deus*. É amigo meu, mas perdi o contato com ele". A mãe de Alberto, minha tia, estava muito doente e não podia viajar. Ele me pediu para encontrar o João e trazê-lo ao Pará, para curá-la. Eu tinha ouvido dizer que o Médium João estava trabalhando em Abadiânia e por isso viajei a noite inteira, sem parar, para encontrá-lo.

Quando cheguei ao galpão onde o Médium João trabalhava, já havia uns cem carros estacionados. Quando vi o carro do João se aproximando, fiquei preocupado. Será que ele ia me reconhecer no meio da multidão? Fazia anos que não nos encontrávamos. Assim que desceu do carro, o Médium João disse, "Como vai, Edemar?" Ele me convidou para ficar hospedado na casa dele em Anápolis. Dali, fez comigo a viagem de dois mil quilômetros ao Pará, sem cobrar nada, e curou a minha tia. Acho que isso diz tudo sobre a amizade que ele tem por mim, sobre o compromisso com o seu trabalho e a sua grande bondade.

Numa outra ocasião, o Médium João foi preso em Arapoema, no estado do Tocantins. Nós já éramos grandes amigos nessa época. De vez em quando, o Médium solicitava os meus serviços como advogado. Eu fui até a delegacia para soltá-lo. Ao longo dos anos, médicos inconformados e céticos religiosos vingativos empenhavam-se para prendê-lo. Embora o Médium João tenha sofrido nas mãos das autoridades, ele considera a sua vida abençoada e diz que nunca sofreu. Nunca reclamou desses episódios. Depois que ele foi solto, o prefeito deixou que ele usasse o prédio novo da escola para trabalhar. Eu testemunhei muitas curas milagrosas nessa escola. Um dia, uma mulher chegou ali carregada, sem poder andar. Ela estava paralisada e era carregada numa espreguiçadeira. Essa mulher saiu andando dali depois da cirurgia. Essa é uma das centenas de cura que eu vi as Entidades realizarem diante dos meus olhos.

Anos depois, o Médium João foi a Colinas, cidade onde eu morava. Ele estava trabalhando e hospedava-se na casa do prefeito. Fui visitá-lo no lugar onde trabalhava. A Entidade que incorporou nesse dia foi Santo Inácio de Loyola. Eu perguntei a ele, "O senhor é o Santo Inácio de Loyola?" Ele respondeu, "Dom Inácio é suficiente". (Não existem santos no Espiritismo, pois, da perspectiva universal, todos somos iguais.) Dom Inácio me disse para acompanhar o Médium João e um pequeno grupo de pessoas até um rio, nos arredores da cidade. Ele recomendou que eu usasse uma camisa branca e entrasse na água com o Médium João. Dom Inácio instruiu-me a rezar o pai-nosso mentalmente enquanto estivesse dentro do rio e então chamar "João Batista". A Entidade me disse, "Você verá o que acontece".

Quando chegamos ao rio, eu segui as instruções de Dom Inácio. Rezei e então chamei "João Batista". O Médium João imediatamente incorporou. O seu semblante se transformou. Os olhos pareciam saltar das órbitas. Toda a sua maneira de se comportar mudou; ele parecia ter uma energia imensa. O corpo dele parecia brilhar diante dos meus olhos, e ficou mais robusto. As suas feições mudaram radicalmente: as maçãs do rosto estavam mais largas e salientes, a sua expressão era solene e séria. Eu só podia acreditar que fosse João Batista. Incorporado, o Médium João mergulhou no rio e nadou, ficando debaixo d'água por uns dois minutos, talvez. Quando subiu à superfície, trazia entre os dedos um enorme peixe. A Entidade voltou a mergulhar e subiu à superfície alguns minutos depois, no momento em que João desincorporou. As suas feições voltaram ao que eram. Ele ainda estava agarrado ao grande peixe, desfigurado com a pressão da sua mão. Ele me contou que, nas outras ocasiões em que essa Entidade havia incorporado, muitos peixes morreram por causa do enorme poder da energia.

Um grupo de mulheres que lavava roupas rio abaixo naquele dia viu muitos peixes mortos flutuando no rio. O Médium João me disse que não era permitido divulgar a identidade da Entidade. Eu admito que esse fenômeno me deixou pasmo; não entendo. Alguns podem pensar que inventei essa história, mas como o Médium João diz, "É tudo verdade". Prefiro acreditar que esses peixes foram libertados para um renascimento maior.

Eu cheguei descrente e fui embora dali acreditando. Você pode falar com a minha esposa, ela confirmará tudo o que eu disse e contará como eu mudei. Já testemunhamos muitas curas e ela tem uma memória muito melhor para detalhes. A cada seis ou oito meses, eu viajo até a Casa para servir na sala da corrente como médium da Casa, consultar as Entidades e visitar o meu amigo.

▲

PARALISADO DA CINTURA PARA BAIXO
José Ribeiro

José é um médium que trabalha na sala da corrente da sala de cirurgias. A sua bela voz melodiosa pode ser ouvida enquanto ele faz as orações e lidera a corrente. Ele tem uma loja de artigos em geral perto da Casa.

José estava morando no estado do Pará quando entrou para a marinha no começo dos anos de 1980. No dia 19 de novembro de 1992, quando servia no Rio de Janeiro, ele e um colega estavam mudando um equipamento de lugar quando José sentiu a perna adormecida. Também sentiu uma dor muito forte do lado esquerdo. Perdeu as forças e teve de ser levado às pressas para o hospital. Os exames revelaram que se tratava de uma hérnia de disco entre T8 e T9. Ele ficou internado no Hospital Naval de Belém e dali foi transferido para o Hospital Naval de Brasília. Os especialistas concluíram que não havia como operá-lo. Depois de três meses de reabilitação no Hospital Sara Kubitschek, ele voltou para casa, onde o esperavam a mulher e a filha. Estava paralisado da cintura para baixo.

José Ribeiro conta:

Eu tive um sonho em que chegava num templo de cura e me diziam para passar na frente da fila e ir direto para uma certa sala. O sonho era vívido e não me saía da memória. Eu já tinha ouvido falar da Casa. O meu irmão, que mora em Brasília, acreditava que só a ciência podia me curar, mas embora com relutância levou a minha foto para a Entidade. Pediram que ele me trouxesse três garrafas de água fluidificada e me levasse à Casa. Uma hora depois de tomar a água, comecei a expelir sangue pela urina.

Contra a vontade da minha família, convenci o meu irmão a me levar à Casa em dezembro de 1994. Estava chovendo e só conseguimos lugar num canto do salão principal. A Entidade saiu do tablado onde fazia as intervenções, abriu caminho entre a multidão e veio na minha direção. Pegou a minha mão e disse, "Você demorou para chegar, mas finalmente está aqui, filho. Pode ficar uns três dias? Vou começar o seu trabalho".

A Entidade me mandou direto para a sala de cirurgias, sem parar nas outras salas da corrente, como no meu sonho. Então a minha cura começou: dois dias deitando na maca e recebendo energia. "Filho, você vai sentir muito mais dor, mas vai melhorar", disse a Entidade (Santo Inácio) antes de realizar a cirurgia invisível em mim. Eu fiquei muito mal naquele final de semana e durante toda a semana seguinte. A minha irmã estava muito preocupada. Eu não conseguia nem engolir a comida e só conseguia tomar água de coco e líquidos. Na quarta-feira, ela perguntou se eu deveria ser hospitalizado. A Entidade pediu que ela tivesse paciência e que ali pelo final de semana eu já estaria melhor. Eu de fato melhorei e todas as nossas dúvidas acabaram por se dissipar.

Eu queria comprar um pedaço de terra para construir uma casa. Naquela noite tive outro sonho carregado de significado. Havia uma pilha enorme de entulho e eu estava deitado numa rede ao lado dela. No dia seguinte, quando fui à Casa de cadeira de rodas, notei ao lado direito uma pilha de entulho e uma placa dizendo "vende-se". Pois fique sabendo que eu comprei o terreno sem nenhuma dificuldade e construí o meu quarto exatamente como no sonho. A minha mulher havia me deixado logo depois do acidente, mas eu consegui a custódia da minha filha. Ela está aqui comigo. Eu expandi a minha loja, arranjei trabalho para a minha família e para os parentes que se mudaram para cá. Por meio de visões e sonhos, eu passei a entender o meu karma. Levo uma vida feliz e tranqüila, que compartilho com uma companheira maravilhosa. Eu sei que estou sendo curado em muitos níveis. Ainda não consigo andar, mas estou muito otimista. Vou andar outra vez um dia, mas se não andar vou continuar sendo um homem feliz.

▲

UM ESPÍRITA DEDICADO
Euler Nunes de Oliveira

Euler trabalhava num banco até se aposentar em 1999. Ele fala várias línguas estrangeiras e tem sido um espírita dedicado e praticante há quarenta anos. Ele é médium da Casa e professor de espiritismo. Euler é quem responde a todas as cartas que chegam à Casa com uma palavra amiga e algumas linhas tiradas dos Evangelhos. Euler tem o texto dos Evangelhos em várias línguas, por isso pode responder às cartas na língua do remetente.

Euler conta a sua história:

Quando cheguei à Casa pela primeira vez, eu era meio cético. Ficava no fundo da sala, parado ao lado da fila, observando tudo à minha volta. Eu me perguntava se haveria mesmo uma Entidade incorporada em João de Deus. Pedi à Entidade que se identificasse para mim, de modo que eu não duvidasse mais da sua autenticidade. A Entidade incorporou no corpo do Médium João e anunciou-se como o Dr. Oswaldo Cruz. Então ele realizou várias cirurgias.

Quando as cirurgias terminaram, a Entidade se virou de costas e começou a deixar o salão para se dirigir à sala da corrente. Quando se aproximou da porta da sala da corrente, ele fez uma pausa, virou-se e veio na minha direção. A Entidade fitou-me nos olhos e pediu caneta e papel. Ele assinou no papel e disse, "Eu sou o Dr. Oswaldo Cruz. Você pode verificar a minha assinatura comparando-a com a da época em que eu trabalhava para o governo". Dessa maneira, a pergunta que eu tinha feito mentalmente foi respondida. Então comecei o meu trabalho na Casa.

Eis aqui o papel com a assinatura dele. Eu nunca tinha contado essa história a ninguém antes. Você pode pegar papel emprestado e escaneá-lo para colocar no seu livro. É a mais pura verdade. (Essa assinatura foi comparada com documentos oficiais assinados pelo Dr. Oswaldo Cruz e a semelhança foi constatada.)

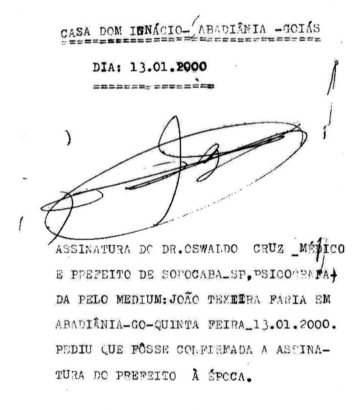

Assinatura do Dr. Oswaldo Cruz

O PROPÓSITO DE UMA ALMA
Heather Cumming

Eu nasci no Brasil, onde os meus pais escoceses eram gerentes de uma fazenda de gado no interior do país. A fazenda ficava a duas horas de cavalo da cidade ou da fazenda mais próxima, no entanto essas grandes distâncias forjaram um profundo senso de fraternidade entre as famílias, um senso de comunidade que ecoa profundamente dentro de mim. Cruzar os pastos com os peões da fazenda e cuidar do gado ensinaram-me a importância de viver em harmonia com a natureza; os curandeiros e benzedeiras da região me ensinaram as tradições de cura nativas. A minha educação tradicional começou em casa com a minha mãe, e eu estudei num internato em São Paulo e fiz o colegial na Escócia. No entanto, os internatos eram para mim um ambiente estranho e eu não me sentia à vontade num lugar frio e desprovido de amor. Com saudade do Brasil, voltei para o meu amado lar aos 16 anos; aos 30 me casei e me mudei para os Estados Unidos. Sentindo falta de uma vida mais espiritual, estudei xamanismo, Reiki e Espiritismo.

No verão de 2000, o meu filho e eu visitamos a nossa família no interior do Brasil. Parte da minha prática xamânica consistia em liderar grupos a passeio pela Amazônia e visitar pajés brasileiros. Enquanto me preparava para uma dessas expedições, ouvi falar de João de Deus e no mesmo instante me senti compelida a visitá-lo. Eu nunca ouvira falar dele, mas senti uma "familiaridade instintiva", quando li um livro a seu respeito. Não passou muito tempo, fui solicitada a levar um pequeno grupo de pessoas à Casa para cura. O meu filho e eu viajamos de ônibus a noite inteira e consultamos a Entidade Dr. Augusto na manhã seguinte. Eu tenho uma certeza profunda de que todos os caminhos da minha vida me conduziram a esse momento efusivo. Depois de anos procurando, eu tinha encontrado o meu lar espiritual em Abadiânia. Sabia que tinha encontrado a minha verdadeira vocação desta vida: servir a missão do Médium João.

Diante da Entidade conhecida como Dr. Augusto, eu chorava incontrolavelmente enquanto as lembranças vinham à tona. Pensei, *O que é amor incondicional?* A resposta se furtara de mim durante toda a minha vida.

"Por que está chorando, filha?", a Entidade perguntou.

"Nunca senti um amor como esse, Pai", respondi, soluçando.

Ela estendeu o braço, pegou a mão do meu filho, Ben, e fez a prescrição. Depois nós dois nos sentamos na corrente.

Uma onda de energia se derramou sobre mim, enquanto eu sentia uma mão dentro do meu corpo, apertando e levantando o meu pulmão. A dor era parecida com a extração de um dente – uma sensação familiar de "puxões e apertões" depois de receber anestesia. Eu senti cheiro de éter e revivi nitidamente uma experiência da infância, quando removi as tonsilas.

No dia seguinte, a pedido da Entidade, Sebastião me levou ao palco para assistir a uma cirurgia. Como que hipnotizada, observei o Dr. Augusto usar uma faca comum para operar uma hérnia abdominal e o olho de um homem. Terminada a cirurgia, ele me instruiu a fazer cinco sessões na cama de cristal e então visitar a cachoeira sagrada. Eu perguntei se podia trazer grupos pequenos à Casa, para que eles também pudessem conhecer o poder de cura das Entidades.

"Traga grupos tão grandes quanto quiser", o Dr. Augusto respondeu.

Eu me senti vacilar quando outra onda de energia irrompeu pelo meu corpo e me segurei em Sebastião em busca de apoio. Mas era tarde demais; desmaiei, rendida ao poder de cura da bênção do Dr. Augusto. Mais tarde, acordei na sala de recuperação, onde as enfermeiras voluntárias da Casa me ofereciam a água fluidificada da Casa. Na maca em frente à minha estava o homem que havia passado pela cirurgia, tomando a sopa oferecida na Casa. Ele comentou que a hérnia não doía mais e a sua visão estava perfeita. Vinte minutos depois, sentindo-me totalmente energizada, fui levada por um dos médiuns da Casa à cachoeira sagrada. Entrei na água em silêncio, com uma enorme gratidão pela cura e pelas bênçãos recebidas.

Eu já recebi incontáveis dádivas transformadoras na minha vida, desde a minha primeira visita à Casa. Eu gostaria de contar uma história marcante que demonstra que as Entidades cuidam de todos os aspectos da nossa vida.

Dois dias antes de eu me encontrar com o meu grupo em Abadiânia, recebi a notícia de que a minha filha estava muito doente. Fiquei dividida entre correr para vê-la e cumprir as minhas responsabilidades como líder do grupo. Nunca me esqueci da ordem categórica de minha filha quando liguei para casa: "Você tem de ficar na Casa; há um grupo chegando. Você pode fazer mais por mim daí do que vindo para casa. Se vier eu vou me recusar a vê-la. Cuide do grupo."

No primeiro dia da Casa, Sebastião pediu-me para ajudar na oração de abertura. Percebendo a minha aflição, ele pegou na minha mão e me levou à sala da corrente, dizendo, "Algo a está afligindo muito; sente-se aqui". Minutos depois, ele me levou um copo de suco de maracujá. Eu me sentei e tomei um gole do suco em silêncio, pensando em minha filha. De repente uma mão me fez ficar de pé e eu me vi fitando os olhos da Entidade, que me disse, "Não quero ver você assim! Você não precisa me dizer por que está chorando. Eu sei. Antes que peça ajuda pela sua filha, estou aqui para dizer que estamos cuidando dela. Você não precisa se preocupar. Ela vai ficar muito bem. Você sabe que todos os aspectos da vida dos filhos da Casa são tratados. Onde está a sua fé?" Ele foi gentil, mas firme.

Pasma e reconfortada, eu me senti confiante de que Sasha e os nossos filhos, todos nós, são protegidos e velados em todos os sentidos. As Entidades nos amam igualmente e sem condições. Tenho sido abençoada com uma vida maravilhosa. É um privilégio trilhar essas jornadas pessoais com outros buscadores – testemunhando e nos unindo enquanto crescemos, mudamos e nos curamos. Como a Entidade prometeu, Sasha de fato ficou muito bem. Estou muito orgulhosa dela e reconheço a coragem que teve, o trabalho árduo e o compromisso com o caminho dela.

Eu recebi a cura em muitos sentidos desde a minha primeira visita à Casa, inclusive um cisto no ovário que "desapareceu" como prometido pela Entidade e confirmado pela ultrassonografia. No entanto, a minha cura mais profunda vem de desempenhar o meu papel como filha da Casa: um membro da família de médiuns da Casa, que devota a sua vida ao serviço à Casa e à missão de cura de João de Deus. Atualmente, sirvo com muita satisfação à Casa, trazendo grupos de estrangeiros regularmente e ajudando no que for preciso, inclusive servindo de intérprete para os visitantes que falam inglês ou espanhol. Eu também sirvo João de Deus na sua missão fora da Casa, acompanhando-o, junto com sua equipe, em viagens pelo exterior e servindo de intérprete para ele e para as Entidades.

É com imenso prazer e gratidão que ofereço a minha vida em serviço à minha família, à Casa e ao Médium João, às Entidades de Luz e ao plano de Deus, da melhor maneira que posso e pelo bem maior de todos nós. A minha intenção e maior desejo é servir com humildade, compaixão, integridade, e que me seja mostrado como conseguir isso. A minha gratidão e felicidade estão além das palavras.

▲

UM RETRATO DA CURA
Karen Leffler

Eu vim de uma típica família americana de classe média e tive uma infância bem confortável. Eu só pensava em entrar na faculdade, pois tinha intenção de ser diplomata, mas aos 17 anos sofri uma perda tão grande que a minha vida tomou outros rumos. Motivada por um intenso desejo de fazer algo de bom pelo mundo, comecei a buscar o verdadeiro significado da vida e da morte. Passei vários anos buscando exteriormente compreensão espiritual, ávida por encontrar um "coração puro".

Em 1972, passei quatro meses na Índia estudando com o avatar Satya Sai Baba. Recebi muitos ensinamentos e bênçãos profundas durante esse período. Também recebi uma lembrança física desse ser iluminado: um anel de pedra-da-lua negra, um *Ishwara lingam* que ele materializou especialmente para mim.[6] Essa foi a primeira vez que senti o que é amor incondicional. No último dia que passei na faculdade de Sai Baba, em Braindavan,

---

[6] De acordo com o mito indiano, o ligam e a yoni simbolizam a união dos poderes cósmicos do senhor Shiva e de sua consorte, Uma.

ele me perguntou o que eu queria e eu disse, "Um coração puro". Mais uma vez ele materializou um cubo de açúcar indiano, dizendo, "Isso purificará o seu coração, mas você tem de trabalhar; tem de meditar". A maravilha e a graça desse dia foram a bênção de ser assistida por Sai Baba – ou de ter a oportunidade de perguntar e ser ouvida, e chorar por esse reconhecimento profundo do Amor Divino. Depois de me prostrar aos pés dele em gratidão (como é costume na Índia), voltei para casa.

Desejando compartilhar essa experiência transformadora com outras pessoas, eu fundei um Centro Sai Baba e continuei a "fazer o trabalho" e a divulgar os milagres que tinha visto. No entanto, à medida que o tempo passava, descobri que não conseguia manter o fluxo constante de paz e amor que sentia na presença dele. Quando olho para traz, agora percebo que eu não tinha compreendido inteiramente o trabalho profundo que é necessário para se cultivar um coração puro.

Casada e morando no norte da Califórnia, numa casa que eu e meu parceiro construímos, eu sofria com as enxaquecas que tinha desde a infância e de exaustão física. Enquanto o meu escritório de fotografia arquitetônica prosperava, eu sentia um anseio inexplicável por algo mais. Um encontro casual com um amigo me trouxe notícias de um curador notável no Brasil. Ao chegar a Abadiânia algumas semanas depois, eu senti que estava "voltando para casa".

Quando fiquei pela primeira vez diante da Entidade, o Dr. Augusto, e olhei nos olhos dele, senti como se estivesse olhando no próprio coração de Deus. Profundamente tocada, fiquei na fila naquela manhã com o mesmo reconhecimento de amor incondicional que sentira na Índia muitos anos antes. Toda denominação, toda seita, toda cor e todo credo eram bem-vindos ali. Não importava quantas pessoas estavam na fila, esses seres extraordinários atendiam a cada um de nós, prescreviam ervas, ofereciam conselhos e diziam, "Vou cuidar de você, não se preocupe; vou ajudar você".

Chegou a minha vez de receber ajuda e ficar diante da Entidade (o Dr. Augusto). O meu coração acelerou quando a tradutora da Casa me colocou diante dele. Ela me disse que eu podia perguntar o que quisesse. Eu queria uma cura física, mas acabei dizendo, "Eu quero conhecer Deus". A tradutora me perguntou se eu estava realmente preparada para receber a resposta que pedira. Claro que eu não estava. Esse pedido mudou completamente a minha vida. Aos poucos, vim a entender que, inconscientemente, eu não estava disposta a fazer o trabalho interior profundo exigido para tal transformação. Eu não me lembro muito do que foi dito naquela manhã, a não ser do comando gentil do Dr. Augusto, "Sente na sala da corrente e vá trabalhar". Eu só me lembro da presença profunda de amor e das lágrimas incontroláveis de reconhecimento. Ninguém me disse no que trabalhar; não havia regras preestabelecidas para a prática da meditação, da contemplação ou da prece. Contudo, eu podia sentir as Entidades trabalhando comigo, usando o meu arcabouço interior para me guiar para aqueles momentos de "a-há!" que trazem a libertação. Na corrente, comecei a conhecer os aspectos de mim mesma que há tanto tempo negava. Senti tristeza, alegria e uma profunda gratidão pelo meu novo caminho de autodescoberta. O meu serviço tinha começado.

Durante a minha estadia, fotografei as cirurgias físicas realizadas no palco da Casa. Quando fitei a tela LCD da minha máquina digital percebi distorções na luz: raios de luz irradiavam do cristal sobre o altar ao lado do Médium João e outras ocorrências luminosas anormais. Eu logo percebi que a câmera estava capturando energia espiritual. Quando mostrei as imagens para Sebastião, o secretário da Casa, ele ficou visivelmente empolgado, falando rápido em português. Heather traduziu para mim, explicando que as fotos eram um presente das Entidades. Ela então acrescentou que eu tinha recebido a permissão de captar a essência dos espíritos. A Entidade pediu que as fotos fossem emolduradas e colocadas no salão principal para que todos pudessem ver. Elas se tornaram uma fonte de inspiração e uma prova tangível da energia de cura presente na Casa. Mal sabia eu das imensas mudanças que ocorreriam na minha vida exterior graças ao fato de a minha paisagem interior estar mudando por ter pedido com sinceridade a ajuda das Entidades. Essas fotos foram o início da minha cura.

Extremamente feliz pela minha nova vida, um pouco desnorteada nesse primeiro salto para o desconhecido, eu agradeci ao coração de Deus. Estou profundamente grata pelo apoio que as Entidades me deram ao longo da minha jornada de cura pessoal. Depois de abrir mão da minha vida confortável, mudando depois de quinze anos da costa Oeste para a Costa Leste em busca do "santo Graal", eu encontrei a minha sombra vezes sem conta e aprendi a amá-la e a aceitá-la. Expandir a nossa consciência até as sutilezas de quem realmente somos é o que desejamos dar aos outros: levar fé aos que duvidam, esperança aos doentes, honrar Deus e o nosso Eu Superior e ter humildade diante do tremendo serviço das Entidades e desse homem cheio de compaixão, João de Deus.

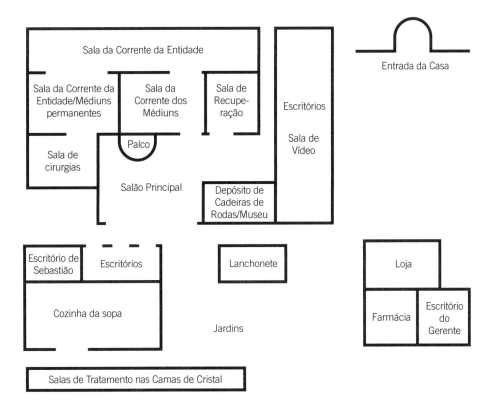

Planta baixa da Casa de Dom Inácio de Loyola

A Casa de Dom Inácio de Loyola

*Caro João, estimado amigo, Abadiânia é o abençoado recinto
da sua iluminada missão e da sua paz.*
– Dr. Bezerra de Menezes, psicografado por Chico Xavier

Depois de passar muitos anos em Brasília, sob a proteção dos militares, o Médium João começou a viajar de cidade em cidade, curando os doentes. O sistema mais uma vez se viu ameaçado. O Médium João ansiava por um santuário onde as pessoas pudessem procurá-lo em busca de tratamento.

Em 1978, as Entidades transmitiram ao Médium João, por intermédio do seu venerado amigo e mentor Francisco "Chico" Cândido Xavier, uma mensagem que transformou a vida dele. Chico foi talvez o escritor mais prolífico sobre temas espiritualistas. Praticamente desconhecido na Europa e na América do Norte, ele era estimado pelos brasileiros e profundamente amado pelo Médium João. Chico devotou a sua vida à caridade. Escreveu mais de quatrocentos livros campeões de venda e doou aos pobres tudo o que ganhou.

Chico recebeu a mensagem psicografada pelo espírito de Bezerra de Menezes, na qual orientava o Médium João a fundar um centro para a prática da caridade. A mensagem de Bezerra de Menezes designava a cidadezinha de Abadiânia como o local apropriado para o santuário. Era indispensável que houvesse uma cachoeira nas cercanias. Seguindo meticulosamente essas instruções, o Médium João começou a procurar o terreno.

O Médium João nunca pensou em deixar Abadiânia, mas em 1993 outra comunicação veio de Chico Xavier, mais uma vez incorporado do espírito de Bezerra de Menezes, confirmando que Abadiânia era o lugar certo para o centro de cura do Médium João. A mensagem dizia, "Prezado João, caro amigo, Abadiânia é o abençoado recinto da sua iluminada missão e de sua paz" – Chico Xavier, Uberaba, 18 de setembro de 1993.

O Médium João alugou um pequeno galpão bem rústico, de um cômodo, perto da delegacia de Abadiânia. O sr. Hamilton Pereira, o prefeito de Abadiânia, fez amizade com João e decidiu garantir um porto seguro para o curador. Ele procurou pessoalmente o presidente da Associação dos Médicos de Goiás, que tinha uma fazenda de gado na região. O sr. Hamilton pediu ao presidente a garantia de que o Médium João poderia praticar o seu trabalho espiritual se construísse um centro permanente em Abadiânia. O acordo foi firmado e a segurança do Médium João, assegurada.

Nesse mesmo ano, a família do sr. Hamilton doou o terreno onde a Casa foi construída. O lugar ficava no pasto da fazenda, longe do centro da cidade. Uma estrutura pequena e humilde foi construída e o Médium João finalmente pôde trabalhar sem interferência de ninguém. Naquela época, não havia eletricidade na região. A Casa ficava em meio a um cenário maravilhoso, com vista para colinas e vales e cercada por um vórtice natural de energia, formado por um leito subterrâneo de cristal de quartzo.

A Casa recebeu oficialmente o nome de *Casa de Dom Inácio de Loyola*, em homenagem a uma das principais Entidades que orientam o Médium João, Dom Inácio de Loyola, ou Dom Inácio. As cores da Casa são o branco e o azul-céu, de acordo com o pedido explícito de Dom Inácio numa visão do Médium João. Dom Inácio de Loyola foi o fundador da Ordem dos Jesuítas.

A mãe do sr. Hamilton, dona Rosinha, construiu a primeira pousada para visitantes, próxima aos portões principais da Casa. A pousada recebeu o nome dela e é agora conhecida como *Pousada Santa Rita*.

O Médium João mora em Anápolis, a 35 quilômetros da Casa, e é proprietário de duas fazendas de gado. A sua infância de pobreza e o trabalho duro ajudaram-no a se transformar num bem-sucedido empreendedor e fazendeiro. Ele tem consciência de que o seu trabalho espiritual precisa do suporte financeiro dos seus empreendimentos comerciais. Ele raramente sai de férias, pois está sempre num ciclo contínuo de trabalho para sustentar a sua missão. O Médium João trabalha na Casa todas as quartas, quintas e sextas-feiras. Várias vezes por ano, ele viaja até a filial da Casa, no sul do Brasil, e para outros estados. Ele parte para essas sessões de avião, às sextas-feiras à noite e trata multidões aos sábados, domingos e segundas-feiras; volta para casa para reassumir os seus deveres em Abadiânia na quarta-feira. Ele também já viajou para muitos países estrangeiros, inclusive Peru, Portugal, Alemanha, Estados Unidos, Grécia e Nova Zelândia, sempre voltando a Abadiânia para as suas sessões regulares na Casa.

O Médium João é uma figura imponente. Ele mede 1,80 de altura e tem uma dignidade e sensibilidade que são frutos da humildade. Os seus olhos azuis-claros brilham cheios de alegria com o seu trabalho, mas podem mudar de cor quando ele está incorporado. As suas características físicas também mudam. Por exemplo, quando Dom Inácio incorpora, o Médium João manca e quando anda estende o braço em busca de apoio. Isso ocorre porque Dom Inácio foi atingido na perna por uma bala de canhão no século 16. Os olhos de Dom Inácio parecem muito maiores e de um azul mais profundo do que os do Médium João, e uma poderosa energia de amor emana dessa Entidade. Às vezes, o cabelo do Médium João parece ficar mais grosso ou mais ralo, dependendo do espírito que o incorpora. Ocasionalmente, uma Entidade revela a sua identidade. O mais freqüente é que elas podem ser identificadas por suas características pessoais, pela maneira de se comportar ou falar.

As Entidades têm cada uma delas a sua personalidade. Aquelas que incorporam com mais freqüência são mais facilmente reconhecidas e muitas vezes se identificam. O Dr. Augusto, por exemplo, anuncia a sua presença com autoridade: "Eu sou o Dr. Augusto de Almeida!" Outras Entidades da falange do Dr. Augusto muitas vezes o saúdam quando incorporam, anunciando num linguajar antiquado, "Salve, Dr. Augusto". O Dr. Augusto aparenta ser extremamente evoluído e muito respeitado pelos membros do seu grupo. Uma Entidade pediu a Karen que tirasse a sua fotografia e quando Heather perguntou, "Qual é o seu nome, Pai?", a resposta foi "Amor!"

Numa outra ocasião, alguém queria saber o nome da Entidade. Quando lhe perguntaram, ela respondeu, "O meu nome não importa. Sou da falange de Dom Inácio. Todos os filhos da Casa têm a honra de ver Dom Inácio. Não sou digno de ajoelhar aos pés dele". Essa certamente é uma alma extremamente evoluída que não espera reconhecimento. Não sabemos ao certo quem são todas as 35 ou mais Entidades, mas no Capítulo 9 fazemos um apanhado do pouco que sabemos sobre as Entidades que incorporam com mais freqüência. Em diversos momentos as Entidades se alternam, entrando e saindo do corpo do médium várias vezes durante uma única sessão. Depois do tremor inicial da incorporação, as transições são imperceptíveis e simultâneas, nem sempre percebidas pelos observadores.

Heather fala sobre uma interação específica com as Entidades:

Uma vez estávamos conversando com uma Entidade incorporada sobre a doença de Lyme nos Estados Unidos. Eu disse que essa doença é transmitida por um carrapato e estava se tornando epidêmica. Acrescentando que eu conhecia muitas pessoas que sofriam dessa doença, inclusive crianças, pedi ajuda. A Entidade respondeu que ela pediria para prepararem uma loção e me ensinaria como aplicá-la. Solicitou, então, que eu voltasse na semana seguinte.

Quando voltei na semana seguinte e pedi a loção especial à Entidade, ela me disse simplesmente para que eu me sentasse na corrente. Então eu percebi que a Entidade em questão não estava a par do meu pedido. Na ocasião anterior, eu deveria ter falado com o Dr. Oswaldo Cruz e quando voltei na semana seguinte outra Entidade estava incorporada.

Na minha visita seguinte à Casa, eu trouxe a foto de uma pessoa que sofria da doença de Lyme para mostrar à Entidade. Quando me aproximei, pensei comigo, é o Dr. Augusto que está incorporado, mas é o Dr. Oswaldo Cruz que vai me ajudar nessa questão. Mostrei a foto para a Entidade e falei da minha preocupação com a doença de Lyme. A Entidade me deu a sua prescrição e gesticulou para que a fila andasse.

Eu não tinha dado três passos quando ele me chamou de volta. Houve uma troca de Entidades e era agora o Dr. Oswaldo Cruz que estava incorporado. "Você está certa, filha. Sou eu e não o Dr. Augusto que vai ajudá-la com isso. Vou lhe dar uma receita. Esfregue na pele assim (ele me mostrou como fazer) e não diga a ninguém quais são os ingredientes." Ele me fez aguardar um pouco enquanto mandava chamar Antão. Então deu a ele uma lista de ervas encontradas nos campos e instruções muito precisas sobre como preparar um litro da loção. Eu não posso dar a receita aqui porque certas frases, prescrições e mantras devem permanecer confidenciais para o poder e a santidade da informação não se dissiparem.

* * *

O Médium João sofreu um derrame em 1987, que paralisou um lado do seu corpo. Os olhos e as mãos pareciam atrofiados, endurecidos e um pouco deformados. No entanto, durante a incorporação, o corpo dele parecia tão saudável quanto fora antes do derrame. Um dia, a Entidade incorporou e realizou uma cirurgia no corpo do Médium João, fazendo um corte do lado esquerdo, logo abaixo da caixa torácica. O corpo do Médium João voltou ao normal e ele continua saudável até hoje. O Médium João passa mal e tem tontura quando vê sangue, confirmação de que ele não está presente durante a incorporação – nem mesmo nessa ocasião em que "ele" operou a si mesmo incorporado.

Em julho de 2004, o Médium João pediu ao seu amigo Hamilton, em quem muito confia, que assumisse o cargo de gerente da Casa. Foi uma grande aquisição para a Casa. O sr. Hamilton já tivera uma longa e bem-sucedida carreira política e estava bem empregado e morando na cidade de Goiânia quando atendeu ao pedido de ajuda do amigo e voltou a morar em Abadiânia.

O sr. Hamilton fala sobre o Médium João:

Abadiânia deve o seu desenvolvimento e prosperidade a esse homem extraordinário. O progresso e crescimento muito necessários dessa cidade ocorreram simplesmente graças à presença do Médium João. Tem ocorrido um influxo de novos moradores, que construíram as suas casas e abriram novos negócios. O Médium João patrocina muitos projetos nesta cidade, ligado principalmente à força policial e à segurança. Há apenas dois anos, ele doou quatro motocicletas para a polícia civil. Faz doações generosas a pessoas carentes, oferecendo cestas básicas a famílias de toda a região e contribuições em dinheiro para a educação e projetos habitacionais. Ele também dá emprego seguro na Casa para muitas pessoas, nas cozinhas da sopa e nas suas fazendas. Neste ano inaugurou outra cozinha da sopa perto da entrada da cidade. Eu entendo esse homem generoso, bom e complexo e acho que é importante que eu fique ao lado dele. Aceitei o cargo porque respeito e amo o meu amigo. Nós nos conhecemos há mais de trinta anos. A missão dele não é fácil, e espero ajudar a aliviar um pouco o seu fardo.

A Sopa espiritual

Aparecida Rosa Reis e o marido, Mário, chegaram à Casa para tratamento em 1978. Aparecida estava gravemente doente e debilitada. Ela tinha recebido o diagnóstico de câncer no útero e nos ovários e sofria de uma hemorragia constante. Não tinha perspectiva de vida. As Entidades pediram que ela permanecesse durante um período indeterminado para ser curada. Ela alugou uma casinha perto da Casa, onde cozinhava para ela e o marido.

Com o tempo, Aparecida começou a enviar refeições para o Médium João, que gostou da comida e quis conhecê-la. (Era a Entidade que a estava tratando, não o Médium João, que não guarda na memória as sessões de cura.) João insistiu em fornecer os ingredientes das refeições. À medida que Aparecida se curava e ficava mais forte, João passou a lhe mandar panelas maiores e mais mantimentos, convidando-a a cozinhar para os membros da corrente. A comida dela era muito boa e combinava uma variedade saudável de carne, frango, arroz, feijão e hortaliças. As refeições de Aparecida eram tão apetitosas que um dia os membros da corrente exageraram e ficaram letárgicos e sonolentos na sessão da tarde. A Entidade decretou que o almoço fosse substituído por uma sopa substanciosa, de digestão mais fácil. Desde então, a sopa é servida depois das sessões matutinas.

As palavras de despedida das Entidades, proferidas antes de deixarem o corpo do Médium João, são sempre um convite para que todos tomem a sopa e a água fluidificada. Contudo, a sopa não é servida apenas àqueles que são atendidos na Casa. Ela é servida a todos que tenham fome e queiram saboreá-la. Uma refeição completa é oferecida a toda equipe da Casa e refeições extras são sempre preparadas para os voluntários e convidados do Médium João. Ele não suporta a idéia de ver alguém com fome, diante de tal fartura de alimentos. Há uma cozinheira incumbida apenas de preparar a sopa. Os legumes são descascados nas terças pela manhã e voluntários são sempre bem-vindos para ajudar. Toda manhã, a cozinheira verifica as filas no salão principal e nas salas da corrente e calcula o número aproximado de pessoas. No aniversário de Santo Inácio, por exemplo, esse número dobra ou triplica. A cozinheira responsável pela sopa acha notável que, embora ela faça a mesma sopa em casa, exatamente com os mesmos ingredientes, ela não fica com o mesmo sabor. A sopa é energizada pelas Entidades e esse é outro aspecto do processo de cura. As Entidades pedem a todos os visitantes que descansem e não deixem o quarto de hotel durante vinte e quatro horas, depois de receber uma intervenção espiritual. Se planejar uma excursão à Casa, nunca deixe de avisar à pousada ou hotel quando estiver descansando depois de uma cirurgia. Eles levarão a sopa ao seu quarto, para que você não fique sem tomá-la nem mesmo por um dia.

Além da sopa oferecida pela Casa, o Médium João distribui mais de oitenta mil pratos de sopa a pessoas carentes todos os anos, em suas cozinhas espalhadas pelo Brasil.

O médium João Teixeira de Faria conclui:

Há mais de trinta anos, eu fundei a Casa de Dom Inácio de Loyola no solo de Abadiânia – essa terra abençoada onde Deus designou que eu cumprisse a minha missão. Eu não curo ninguém. Quem cura é Deus. Sou meramente um instrumento nas mãos divinas. Deus, em sua infinita bondade e compaixão, permite que Espíritos de Luz concedam a vocês, meus irmãos e irmãs, cura e conforto.

Eu sou minerador e sei que a pedra preciosa precisa passar por um processo de lapidação e polimento para revelar a sua beleza. Ao ver a gema em seu estado bruto, não lhe damos nenhum valor, mas, depois de polida, a sua magnificência se revela. Todo filho e filha é um diamante raro da Criação, mas precisa ser polido, o que implica dor e sofrimento, para realizar a sua missão e consciência mais elevadas.

O mundo passa por grandes transformações, conseqüentemente gerando grande sofrimento, por isso precisamos pôr a nossa fé e confiança no Ser Supremo que é o nosso Deus.

Para concluir, eu deixo como mensagem as palavras de Cristo do Evangelho de São João (capítulo 15, versículo 12): "O meu mandamento é este, que vos ameis uns aos outros assim como eu vos amo."

O Salão Principal e as salas da corrente

O egoísmo nos leva a ver todos como competidores.
A fraternidade nos faz ver todos como irmãos e irmãs.

– Chico Xavier

As capacidades extraordinárias e a dedicação do Médium João e da falange de espíritos benevolentes que ele incorpora já foram testadas e estudadas.[7] Os documentários de TV, apresentações da mídia e livros colocaram a par desse fenômeno miraculoso milhões de pessoas que, de outro modo, nunca teriam ouvido falar dele. Milhares de pessoas viajam do mundo todo em busca de ajuda e conforto. Elas têm diferentes condições sociais e diferentes males e muitas ouviram dos médicos que as suas doenças eram terminais ou incuráveis. Muitas buscam crescimento e transformações espirituais. Uma sucessão de médicos, cientistas, físicos

---

[7] A dra. Alfredina Arlete Savarias, tese de mestrado, *"Curas paranormais realizadas por João Teixeira de Faria"*; Robert Pellegrino-Estrich, *The Miracle Man*, capítulo II, "Scientific Observations".

quânticos, políticos, professores, atores e produtores cinematográficos, procedentes do mundo inteiro, também já foram tratados pelas Entidades. Pessoas famosas e anônimas, de todas as raças, credos e religiões são tratadas sem favoritismo.

O SALÃO PRINCIPAL

O prédio central da Casa é um grande salão de reunião. Às quartas, quintas e sextas-feiras, todos se reúnem nesse "Salão Principal" às oito horas da manhã e às duas da tarde, usando roupas brancas, pois o branco facilita a visualização do campo áurico. O preto e outras cores escuras podem dificultar a visão que as Entidades têm do nosso corpo e o trabalho de cura que realizam.

Sebastião começa rezando o pai-nosso em voz alta. Essa prece universal serve como instrumento de centramento e concentração. A prece em grupo cria uma corrente que expande e nutre todos os presentes. Cada pessoa é um filamento dessa força vital criativa chamada de *Luz, Prana, Chi* ou *Ki*. Cada um de nós é como um fio de luz. Uma centena de fios torna a cadeia ou *corrente de luz* mais forte. Todos aqueles que rezam ou meditam juntos são elos dessa grande cadeia. Na Casa, isso é chamado *manter a corrente*. Quando todo mundo está concentrado em suas preces e meditações, as Entidades conseguem canalizar sem dificuldade essa energia para a cura.

Quando se sentar na sala da corrente, mentalize o amor e o bem maior de todos. Se sentir a mente se distanciando, simplesmente se concentre novamente. Não abra os olhos nem cruze os braços e as pernas. As Entidades sentem uma baixa energética quando fazemos isso, o que pode quebrar a corrente de consciência, dificultando o trabalho espiritual. Quando a corrente perde o foco ou enfraquece, aqueles que passam por tratamento podem sentir dor. O Médium João e os médiuns da Casa também podem sentir dores no corpo. Uma corrente forte e concentrada eleva cada um de nós a um estado superior de consciência. Todas as nossas diferenças pessoais são transcendidas, à medida que nos unimos num estado de Unidade. Nesse sentido, todos nós participamos de uma criação conjunta: uma colaboração aberta e constante com as Entidades, enquanto o nosso foco está concentrado numa única intenção de serviço pelo bem maior de todos.

Pouco tempo depois, Sebastião pede aos que têm cirurgia marcada para que formem uma fila. Ele os acompanha até a sala de cirurgias adjacente ao Salão Principal, onde os pacientes se sentam em bancos compridos ou se deitam em macas com os olhos fechados. Seguindo a orientação dos médiuns da Casa, eles se preparam para a cirurgia visível ou invisível.

Enquanto faz a prece de Cáritas, o Médium João incorpora uma Entidade – geralmente na sua sala da corrente ou às vezes no Salão Principal. Em transe profundo, a consciência cotidiana do médium é suspensa e seu corpo se torna um receptáculo para as Entidades. Quando ele está incorporado, a estatura, o olhar e modo de falar do Médium João são marcadamente diferentes do homem João. Todos os que estão presentes sentem o amor e o poder que fluem através dele, confirmando a possessão benigna pela Entidade espiritual. Como João de Deus não cansa de nos lembrar, "Eu não curo ninguém; quem cura é Deus. Eu sou meramente um instrumento". Depois de uns dez minutos, a Entidade entoa uma prece em português, entra na sala de cirurgias e declara, "Em nome de Deus os filhos estão operados" ou "O trabalho está completo".

A Entidade então volta para a segunda sala da corrente e se senta numa cadeira de balanço de madeira. Próximo a ele um grande cristal está apoiado numa mesinha que serve de altar. A mesa também tem uma gaveta onde ficam os principais instrumentos usados nas cirurgias físicas. A Entidade pega uma caneta e começa o dia com o pedido, "Tragam os filhos da segunda fila". A fila é rapidamente organizada e passa por uma contagem, e as pessoas dirigem-se para a primeira sala da corrente.

A PRIMEIRA SALA DA CORRENTE: A ESCOLA DE MÉDIUNS

A primeira sala da corrente é muitas vezes chamada de *escola de médiuns*, pois é onde os participantes aprendem a aguçar a sua capacidade de canalizar a luz e cultivar um espaço interior para si e para outras pessoas, enquanto recebem e doam energia. Os médiuns da Casa usam a visualização e a prece para ajudar os visitantes a focar a intenção e aprofundar a compreensão espiritual relativa ao trabalho. Sempre há dois médiuns permanentes nessa sala. Eles moram nas imediações da Casa e, por terem sido curados, retribuem prestando serviços. Existem aproximadamente sessenta médiuns permanentes na Casa a cada sessão, colaborando na manutenção da corrente.

Caminhar pela sala da corrente é como passar por uma máquina de lavar espiritual; todo mundo é banhado por uma luz espiritual à medida que passa. O campo energético de cada pessoa é purificado em todos os níveis, à medida que ela entra em sintonia com a freqüência elevada da corrente. Esse é o momento em que sondamos o nosso próprio coração e reafirmamos a nossa intenção de cura. É hora de pedir às Entidades que nos ajudem a chegar à causa fundamental daquilo que está bloqueando a nossa saúde e vitalidade. Com esse singelo pedido de ajuda, as Entidades têm a permissão de iniciar o trabalho espiritual em comum acordo com o desejo da pessoa de restabelecer a sua integridade. A cura não ocorre enquanto estamos na fila ou diante da Entidade; ela se dá quando estamos sentados na corrente com os olhos fechados e a mente e a alma concentrados na conexão com a Fonte. Enquanto estamos sentados na corrente, cada um de nós é fortalecido, pelas Entidades, por meio da revelação direta. Essa é a oportunidade que elas nos oferecem, para que possamos desenvolver o discernimento individual por meio da prece e da meditação: mantendo-nos serenos e em conexão com a nossa sabedoria interior. A informação necessária para a nossa cura vem de várias maneiras: visões (clarividência), sons (clariaudiência), cores, fragrâncias, vibrações e até lembranças. Quando aprendemos a ouvir essa comunicação e a confiar nela, a orientação das

Entidades se estabiliza dentro de nós à medida que restabelecemos a nossa ligação com a nossa própria Divindade. Essa consciência expandida é o alicerce da cura, e muitas pessoas voltam para casa sentindo uma paz interior que até então não conheciam. Cada uma delas aprende, por meio da experiência direta, como aliviar os seus males, tanto físicos quanto emocionais.

A SEGUNDA SALA DA CORRENTE: A sala da corrente da Entidade

Uma a uma, todas as pessoas passam diante da Entidade e são examinadas pelos espíritos que realizarão a cura. Para algumas, o efeito é imediato; para outras, a cura leva algum tempo. Pede-se à maioria das pessoas que retornem à Casa algumas vezes. Cada pessoa é vista como um holograma quando está diante da Entidade, que as vê como energia. Isso dá à Entidade o acesso instantâneo a todos os aspectos do histórico físico, emocional e espiritual da pessoa, pois toda doença é, primeiramente, um "desconforto" do espírito. Com permissão, e somente pelo bem maior, as Entidades começam o processo de cura em todos os níveis. Temos de nos responsabilizar pelos nossos atos. É por meio da nossa disposição para confiar e nos entregar que somos curados. Como diz o Médium João, "Não existe mágica aqui. Aqui praticamos o amor de Deus".

A Entidade pode prescrever ervas, convidar o visitante a permanecer na sua sala da corrente, mandá-lo para a primeira sala da corrente ou prepará-lo para uma operação ou intervenção espiritual. Essa preparação pode incluir a meditação nas salas da corrente, a terapia na cama de cristal ou uma visita à cachoeira (ver Capítulo 7). A presença continuada da pessoa na sala da corrente da Entidade só acontece a pedido da própria Entidade. Geralmente o pedido vale para um período de 24 horas. Os visitantes então retornam pela segunda vez à fila, em busca de instruções adicionais. Os médiuns da Casa em geral são solicitados a permanecer sentados na sala da corrente por períodos de tempo maiores. Às vezes, a Entidade pode pedir ao visitante que ele se sente na sala de cirurgias ou na primeira sala da corrente. Cada uma dessas salas é igualmente importante e fundamental para a manutenção do equilíbrio, da harmonia e da alta freqüência da energia exigida para a cura. Em respeito à Entidade e para garantir a cura completa, é importante que o visitante siga o protocolo e se dirija para a sala da corrente indicada.

A sala da corrente é um banquete espiritual que devemos respeitar aderindo diligentemente às normas estabelecidas pelas Entidades. A concentração nas salas deve se manter estável e todos os visitantes são solicitados a seguir vários protocolos. Numa certa ocasião, a Entidade se levantou, dirigiu-se à pequena sala de cirurgia, sentou-se num banco duro de madeira e voltou a atender a fila e a fazer as suas prescrições. Quando Heather lhe perguntou se havia algum problema em sua sala, ele respondeu, "Ninguém está concentrado naquela outra sala. Os olhos estão abertos e ninguém mantém o foco, por isso vou trabalhar daqui. A energia é mais forte".

Depois que somos apresentados às Entidades, elas se sintonizam conosco onde estivermos, não importa em que sala da corrente estejamos sentados. O trabalho continua quando vamos para o nosso quarto de hotel e depois de voltarmos para casa. Sempre podemos restabelecer a nossa ligação com as Entidades por meio da meditação e da prece. Nunca estamos sozinhos, pois a família espiritual da casa vela carinhosamente por nós seja onde for que estejamos.

A CONEXÃO COM A CORRENTE

A freqüência elevada de energia positiva é transmitida quando as pessoas se reúnem nas salas da corrente. Os pensamentos positivos e as preces dos médiuns amparam mutuamente o grupo, quando todos entram em consonância e coesão com a consciência divina. Em vez de se concentrar na doença ou na dor, foque a atenção na imagem de bem-estar. Visualize a si mesmo inteiro e completo – dançando, brincando, cantando ou correndo na praia –, tudo o que você gostaria de estar fazendo. Use todos os seus sentidos para criar uma imagem mental, uma visão dos seus desejos já realizados. Energize a sua imagem mental e equilibre qualquer desarmonia focando a atenção naquilo que lhe causa alegria. Você começará a sorrir e a sentir um grande bem-estar interior. É essa disposição que eleva a consciência e a freqüência até a ressonância divina. Depois que você estiver em harmonia vibracional com o Divino, concentre-se em receber e doar energia divina. Declare que a sua cura já se iniciou. Pensamentos e imagens positivas aumentam enormemente a corrente e ajudam as Entidades, que usam essa energia positiva de alta freqüência no trabalho espiritual.

A corrente é como uma orquestra tocando uma sinfonia sublime. A Entidade é o maestro, que nos lidera enquanto tocamos juntos em perfeito entrosamento. Mas, quando alguém cruza os braços ou as pernas, ou abre os olhos, a harmonia é prejudicada. Saímos do ritmo. Se você se sentir desconfortável, continue mentalizando o amor e a compaixão, levante-se silenciosamente e vá para o jardim, sentando-se num banco ou embaixo de uma árvore. Um pouco de ar fresco, os aromas da terra e o canto dos pássaros restabelecem a corrente por meio da natureza. Feche os olhos e imagine que está se refrescando numa cascata de luz, que banha todas as suas células, ligando você à corrente. Assim, da próxima vez que se sentar numa das salas da corrente, você será mais uma vez um instrumento afinado. Tenha em mente que qualquer desconforto que sinta pode ter sido provocado pelas Entidades para ajudá-lo a entrar em contato com a sua dor emocional e liberá-la.[8]

A SALA DE CIRURGIAS

Se as Entidades lhe recomendaram uma cirurgia, é provável que ela ocorra na sala de cirurgias. Existem dois tipos de cirurgia/intervenção espiritual: a

---

[8] Recomenda-se aos leitores que pretendem visitar a Casa a leitura do capítulo 7, "Instrumentos, Modalidades e Orações", que apresenta mais algumas dicas a respeito de como manter a corrente.

invisível e a física. Durante a primeira, o corpo não é tocado fisicamente; a maioria das pessoas prefere essa opção. Nos casos das cirurgias físicas, as Entidades seguem certos critérios. Ela é proposta a pessoas com menos de 53 anos e mais de 18. Não é recomendada para pessoas que sofrem de epilepsia, doenças cardíacas ou diabete, ou que estejam fazendo quimioterapia ou radioterapia. Não há nenhuma diferença entre as cirurgias físicas e as invisíveis da Casa. Aqueles que se apresentam como voluntários para a cirurgia física muitas vezes sustentam que precisam de uma prova tangível do processo de cura. Mais de nove cirurgias diferentes podem ser realizadas simultaneamente pelas Entidades. As cirurgias físicas da Casa podem incluir a introdução de uma pinça hemostática na cavidade nasal, que prende um chumaço de algodão umedecido com água fluidificada. Ou o olho pode ser raspado com uma faca. Esse tipo de cirurgia não visa somente à correção de um problema no olho, pois os olhos são uma representação de todo o sistema orgânico. Portanto, a raspagem no olho pode curar outras partes do corpo. As Entidades também removem fisicamente tumores durante a cirurgia. A pessoa que passa por esses tratamentos não sente nenhuma dor.

FILA DA PRIMEIRA VEZ, FILA DA SEGUNDA VEZ E FILA DAS REVISÕES

A *fila da primeira vez* é para as pessoas que estão consultando as Entidades pela primeira vez. A *fila da segunda vez* é para aqueles que já visitaram a Entidade. Sempre volte uma segunda vez depois da sua primeira sessão com a Entidade. Se você nunca esteve fisicamente na Casa antes, mas alguém já apresentou a sua foto à Entidade, então você é considerado alguém que "já foi visto e atendido". Portanto, na sua primeira visita à Casa, você deve entrar na fila da segunda vez. As filas das oito horas da manhã e das duas da tarde são para aqueles que já passaram pela Entidade e foram solicitados a voltar nesse horário específico. Existem muitas razões para isso. Talvez uma pessoa em particular precise ser examinada por uma Entidade diferente ou esta precise apressar a fila para agilizar o trabalho e não sobrecarregar o corpo do Médium João, que pode estar se cansando. Por fim, existe a fila das revisões, para as pessoas que passaram por cirurgias físicas ou espirituais e estão retornando depois de oito dias para serem avaliadas pelas Entidades. Esse procedimento permite que as Entidades verifiquem como a cura está progredindo, removam suturas e ajustem o tratamento. Trata-se de um exame pós-operatório semelhante ao realizado pelos médicos convencionais. As Entidades nos lembram de que trabalham em conjunto com a medicina ocidental e pedem que os pacientes sigam o protocolo médico convencional e não interrompam o tratamento prescrito pelos médicos, que são chamados de *doutores da Terra* pelas Entidades.

UM DIA NAS SALAS DA CORRENTE

Eu estou dando saúde, mas só Deus dá a vida.

– Dr. Augusto de Almeida

Heather relata em seu diário as curas que ela testemunhou pessoalmente:
Eu me sentei esta manhã para passar por uma cirurgia em que representaria uma amiga. A Entidade me disse para que eu me sentasse na sua corrente e me concentrasse na minha amiga. Eu comecei a rezar, pedindo por purificação e limpeza, agradecendo às Entidades e pedindo para ser um canal cristalino para a luz curativa de Deus. Comecei a me concentrar na minha amiga enquanto segurava nas mãos um pedaço de papel branco com o nome e o endereço dela. Eu expressei a minha gratidão pela cura que eu tinha certeza de que ela já estava recebendo. A energia começou a fluir para a minha cabeça e eu senti um rompante profundo de emoção enquanto continuava a mentalizá-la

Nesse momento, o Dr. Augusto de Almeida incorporou e se anunciou. Eu o ouvi falando, mas parecia que estava muito longe. A energia na sala era forte e ondas de energia atravessavam o meu corpo e entravam pela minha mão. Eu via cores brilhantes banhando todo o corpo da minha amiga. Dei-me conta da Entidade diante de mim no mesmo momento em que ela anunciou a conclusão da cirurgia.

Três anos antes, o Dr. Augusto havia marcado a foto de minha amiga com um "x", indicando que ela deveria vir ao Brasil. A Entidade, ao ver a fotografia novamente, afirmou duas vezes que ela *tinha* de vir à Casa. Eu senti que era o Dr. Augusto. Ele permaneceu ali durante uns quatro minutos e então disse, "Intenção e concentração". Mais uma vez, ondas de energia perpassaram o meu corpo e a minha mão – cores brilhantes se derramavam sobre mim.

"Como ela está? Você gostaria de ligar para ela agora ou mais tarde? Seria melhor que fosse mais tarde. Você pode continuar mandando energia para ela. Com Amor", disse ele, incisivo na sua maneira de falar, mas num tom amoroso. "Leve para ela três garrafas de água. A doença dela ficou incubada durante dez anos, talvez doze. Não existe mágica aqui. A cura vai levar tempo. A alimentação é muito importante. Lave as folhas (verduras) e frutas muito bem antes de comer – ninguém faz isso corretamente. Há um hospital acima da Casa, e as Entidades estão ajudando a todos, não apenas os que estão marcados para a cirurgia. Todos os filhos e médiuns estão recebendo energia. Eu estou dando saúde, mas só Deus dá a vida. Você sabe quem eu sou? Sou o Dr. Augusto de Almeida. Você pode chamar os filhos da fila da segunda vez."

Quando ele se afastou para se sentar em sua cadeira, eu chorava, inundada de amor. Eu sei que as Entidades podem sentir a gratidão que expressamos no coração e é impossível de traduzir apropriadamente em palavras.

Eu me levantei para ajudar Tânia, uma das médiuns da Casa e líder, na época, da sala da corrente de Entidade. Tânia havia sofrido um acidente de carro que a deixara paralisada. Ela chegou à Casa sofrendo dores horríveis nas costas, depois de passar por uma complexa cirurgia na coluna. Agora ela trabalha na Casa, ao mesmo tempo em que recebe energia de cura. Ela fica *em pé* ao lado da Entidade e a ajuda no que for preciso. A sua mediunidade já está bem desenvolvida e ela vê e sente a energia com precisão. A função de Tânia é de grande responsabilidade. Existem outros voluntários, alguns moradores de outras cidades, que têm essa mesma função. Eles se revezam de tempos em tempos. Depois de terminada a sala da corrente, o líder (no caso Tânia) trabalha em outra sala, esterilizando os instrumentos e seguindo as instruções das Entidades. Ela pega a cesta com as fotos e papeizinhos coletados de trás do triângulo, onde as pessoas rezam, e os leva a uma sala especial onde receberão mais atenção das Entidades. Todos os dias, Tânia também prepara a sala energeticamente com orações.

O dia continua:

Foi outra longa manhã para as Entidades e para o corpo do Médium João. Seis ônibus chegaram do sul do país, depois de mais de trinta horas de viagem. Muitas curas foram realizadas. As consultas silenciosas das Entidades eram esporadicamente interrompidas pelo barulho de bengalas e muletas sendo removidas pela Entidade e atiradas num canto da sala. Momentos miraculosos e graças constantes fluem ao longo das três horas e meia de corrente. No momento, tudo é vibrante e inesquecível, mas a menos que seja registrado sem demora, torna-se surreal, semelhante a um sonho.

Numa certa altura, uma mulher com um tumor grande e rígido no punho direito se aproxima da Entidade. Ela (o Dr. José Valdivino) pede os instrumentos. Tânia pega a bandeja e me passa o recipiente de algodão para que eu o segure com uma mão e o recipiente com água fluidificada com a outra. Ela gesticula para que fiquemos ao seu lado esquerdo, enquanto massageia delicadamente a região do tumor. Ela estende a mão para pegar o bisturi e retira a embalagem esterilizada. Então começa a cortar o tumor, que antes parecia duro como pedra. Baixando o bisturi, ela aperta a região e nos diz para observar o pus saindo e depois o sangue e fragmentos de tecido. Ela limpa com uma toalha e pede a fita cirúrgica. Tânia pega o porta-fita e começa a tirar um pedaço.

"A fita não está mais estéril", diz o Dr. Valdivino. "Você sabia que só as mãos e o corpo do Médium João são estéreis?"

Tânia estende as ataduras, mas quando ela as remove da embalagem ele mais uma vez informa que elas não estão mais estéreis. "O que fará agora?", ele pergunta. Estamos as duas sem saber o que fazer, pois o procedimento normal é que Tânia lhe passe a fita. O silêncio pesa enquanto ele nos olha, esperando uma resposta.

"Eu posso segurar a parte de cima do porta-fita, passá-lo ao senhor e então o senhor tira a fita?", perguntei.

"Pode, assim vai dar, e agora me dê a gaze, filha Tânia." Ele cortou um pedaço de gaze e colocou-o sobre a ferida, que agora estava completamente lisa, mal dando para ver o corte de menos de três centímetros. Ele me pediu para esfregar o polegar e o indicador por alguns segundos. Então colocou o dedo indicador na ponta do meu. "Aí está. Agora o seu dedo está esterilizado e você pode segurar a gaze no lugar." Ele cortou a fita e eu tirei o dedo da ferida quando ele fixou a gaze com a fita. Eu lhe ofereci o recipiente com água e a toalha para lavar as mãos, notando que o sangue nas mãos dele já tinha desaparecido. Ele sorriu e espalhou a água enquanto lavava as mãos na travessa.

"Pronto. Acabou. Sentiu dor?" A mulher, em prantos, beijou as mãos dele – ela não tinha sentido nenhuma dor.

Tânia e eu supusemos que a Entidade estivesse enviando uma mensagem a alguém, talvez um médico que estivesse na sala da corrente, talvez um cético, informando que só o corpo do Médium era estéril. Ela fez essa afirmação em voz alta e clara por alguma razão, e certamente para proteger o Médium João.

Durante o intervalo do almoço, tive a honra de me encontrar com dona Margarida. Ela e Sebastião passaram uma hora contando histórias sobre "os velhos tempos".

Dona Margarida conta:
Nós tínhamos de viver nos mudando para fugir das autoridades, enquanto o Médium João fazia o seu trabalho. Naquela época, ele ficava bastante tempo com cada pessoa. Não havia tanta gente como agora. Quarenta pes-

soas eram atendidas por dia; com as Entidades conversando e fazendo cirurgias individuais. Tenho saudade daqueles dias. Hoje a Entidade sorriu para mim, mas foi de passagem. Ele me disse que eu nunca preciso ficar na fila, porque estou com ele há muitos anos. Disse para Sebastião me levar até ele no início da sessão.

Eu era a cozinheira naqueles primeiros tempos. Às vezes só tínhamos um ovo e um pouco de arroz para todos nós. Era difícil conseguir variar. Por um tempo, nós nos virávamos numa casinha com uma cozinha minúscula e dois cômodos em que a Entidade trabalhava. Sebastião, você se lembra da vez em que o banheiro transbordou? Só havia um banheiro para toda aquela gente. Até o Médium João carregou baldes daquela água fedorenta para jogar na fossa. Depois ele nos disse para descansar que ele faria para nós um almoço delicioso. Ele é um ótimo cozinheiro, você sabe. Consegue fazer uma grande refeição usando apenas sobras, e o arroz dele é o melhor que já comi.

À noite, todos dormíamos no chão em colchões. "Um dia", ele nos prometia, "vou encontrar um lugar num pedaço de terra bem tranqüilo, onde vamos poder trabalhar sem que ninguém fique nos enxotando." O Médium João se mudou para Abadiânia logo depois disso. A Casa ficava no mato, assim como ele disse. Eu fico tão feliz de vê-lo agora com esse enorme retiro e fazendo o seu trabalho em segurança e ajudando tanta gente! O sonho dele se realizou. Nunca imaginamos que um dia tudo ia ficar assim – sem pobreza ou necessidade de se esconder. Deus continuará nos ajudando a todos. Mas eu realmente tenho saudade daqueles tempos e de quanto nos divertíamos.

Sebastião conta:

Lembro quando as filas tinham umas cem pessoas, muitos ônibus e a sala de atendimento era muito pequena. Cada cirurgia era individual e levava muitas horas para atender todo mundo. Não tínhamos a infra-estrutura que temos agora. O Salão Principal era pequeno e não havia cadeiras. Ficava lotado, com as filas dobrando nos jardins. Começávamos às oito da manhã e às onze os médiuns da corrente revezavam para que o primeiro grupo pudesse almoçar e descansar. O trabalho continuava. O Médium João não parava. Ainda bem que as funções corporais dele descansavam durante as incorporações, e as Entidades nutriam o corpo dele com goles de água de coco. Acabávamos tarde da noite. É bom termos os períodos de descanso que temos agora. O Médium João está mais velho e precisa descansar e comer. Ainda assim, você vê, ele dorme muito pouco.

Heather conta:

A sessão da tarde começou com as preces de abertura. Então a Entidade pegou pela mão um homem que tinha cirurgia marcada e levou-o para o tablado. Pediu então que o homem se encostasse na parede em frente à imagem de Jesus. Eu segurei a camisa do homem na altura do peito. "É bom que você veja isso. Observe", a Entidade me disse. Ela correu dois dedos para baixo, pelo peito do homem, e para cima, até o coração, fazendo um movimento em U. Instantaneamente a região peitoral do homem ficou suada e o seu tom de pele mudou ligeiramente. Em seguida, a Entidade pegou o bisturi do invólucro de papel e fez uma pequena incisão de uns cinco centímetros logo abaixo do peito, do lado direito. "Preste atenção. Olhe o que estou fazendo com a energia." Ela colocou dois dedos logo acima do corte e a energia praticamente estancou o sangue. Então pegou a pinça e pinçou a pele. Dois pontos rápidos e a hemorragia foi estancada. Na série de fotos tiradas por Karen, é possível ver as variações da luz em volta da imagem de Jesus durante a cirurgia.

A Entidade chamou Martin para usar as costas como apoio para o próximo homem da fila, enquanto ela fazia a cirurgia usando um bisturi para remover um tumor do braço dele. Removido o tumor, ela deu agulha e linha para um observador, um dentista, fazer a sutura. O dentista tentou várias vezes atravessar a pele com a agulha. A Entidade sorriu e disse gentilmente, "A energia que produz a anestesia já está começando a se esgotar. Deixe que eu termino para você". Dois movimentos ágeis e a sutura estava feita. A equipe da Casa, ágil e competente, escoltou rapidamente o homem para a sala de recuperação numa cadeira de rodas. A hemorragia tinha parado. A água fluidificada foi aplicada e os enfermeiros voluntários cuidaram dele com amor e preces.

Voltando para a sua cadeira na sala da corrente, a Entidade anunciou, "Podem chamar os filhos da segunda fila". E assim a tarde continuou: a Entidade anotou prescrições, fez pausas para dar instruções, um sorriso, algumas palavras de estímulo e às vezes chamou médicos e advogados para testemunhar uma cura. Várias pessoas que tinham sido curadas voltaram para agradecer. Sebastião trouxe uma senhora descendente de japoneses, curvada pelos anos, que era a primeira da fila. Fazia muitos anos que ela visitava o Médium João. Ele deu a ela uma prescrição e anunciou quanto tempo fazia que ela freqüentava a Casa. A mulher tinha 92 anos. Ela sorriu exultante e foi se sentar em silêncio na corrente.

Quase no final da sessão, uma mulher trouxe a mãe da corrente. Pediu que a Entidade a ajudasse, dizendo que ela sentia tanta dor devido à artrite que já não conseguia nem mesmo cozinhar para si mesma. A Entidade se levantou, colocou as mãos sobre os ombros da mulher, fechou os olhos e disse em voz alta, "Aquele que cria os rios e as árvores está curando você agora". O corpo dela estremeceu ligeiramente. Ela a conduziu até a moringa de água e disse para ela pegar um pouco d´água e beber. "Sente dor?", perguntou. Ela estava emocionada ao confirmar que a dor havia ido embora, mas depois correu atrás dela, dizendo, "Agora as minhas pernas, por favor". Ela sorriu e colocou as mãos sobre os joelhos dela. "Agora vá trabalhar na minha corrente, Vou cuidar de você." Ela voltou à sua cadeira e a fila continuou a passar diante dele.

Várias pessoas seguravam rosas na mão para oferecer à Entidade, que lhes dirigia um sorriso amável e passava as flores a Tânia para que as distribuísse pelos membros da corrente ou para aqueles que saíam da fila depois do atendimento. As rosas que passam pelas mãos da Entidade parecem durar mais, especialmente quando são colocadas num vaso com água fluidificada. No final da sessão, a Entidade solicitou a prece de encerramento e anunciou que estava "indo". Ela rogou a Deus a limpeza de todos os médiuns e de todas as salas. "Fiquem na paz de Deus", disse calmamente. Então o corpo do Médium João estremeceu um pouco e ele se dirigiu de modo lento e resoluto para a sua sala.

▲

ERVAS E PRESCRIÇÕES, UM TRABALHO DE AMOR
Antão

Antão é assistente do Médium João há quase trinta anos. Ele é um homem corpulento, que se posta vigilante do lado de fora da porta, o dia todo, para proteger o Médium João. Ele não abandona o seu posto até que o Médium João tenha deixado o prédio em seu carro. Registra quantas pessoas são atendidas a cada dia e em que fila elas ficaram. Leva cada fila até a Entidade e diz a ela quantas pessoas ainda aguardam na fila. Esses números são importantes para as Entidades, por razões que não compreendemos. Às vezes a Entidade diz, "Antão, não sabe contar? Há muito mais pessoas nesta fila do que você contou". É quase impossível contar quantas pessoas estão nas filas nas suas idas e vindas, e Antão reage à gentil reprimenda pela contagem inexata com um sorriso largo e tranqüilo.

Antão fala sobre as ervas prescritas depois da cirurgia:

Os suplementos de ervas costumavam ser apresentados em forma líqüida. Nós misturávamos o preparado em grandes tonéis e o transferíamos para garrafas de vidro pequenas. A produção era um trabalho contínuo de amor. Todas as garrafas eram enfileiradas nas prateleiras. Os médiuns da farmácia são treinados pelas Entidades. Quando eles trazem a prescrição (antes na forma líqüida, agora em cápsulas à base de passiflora), ela está imbuída de uma energia própria para cada pessoa. O líqüido mudava de cor, de consistência e até de aroma. Como nós próprios o preparávamos com a mesma mistura de ervas, sempre ficávamos perplexos ao abrir as garrafas prescritas para nós e constatar que cada uma delas era diferente e exclusiva. Elas eram de fato abençoadas pessoalmente para cada um de nós. Dava para ver. Não é possível constatar as mudanças no caso das cápsulas, mas com elas acontece a mesma coisa. Quando o Médium João viajava para outras regiões do país, nós enchíamos dois caminhões com garrafas do preparado. Eu tinha de dirigir com muito cuidado em estradas esburacadas para que as garrafas não se quebrassem.

Às vezes ficávamos sem as ervas e precisávamos preparar mais durante a noite para a sessão da manhã. Isso muitas vezes era feito em barracas improvisadas e nos climas mais inclementes. O Médium João ficava de pé a noite toda conosco. Ele nunca ia embora enquanto o trabalho não tivesse acabado, e ficava satisfeito quando todos tinham um lugar confortável para dormir. Muitas vezes, o dia amanhecia e nenhum de nós tinha ido dormir. Alguns ainda continuavam preparando as ervas enquanto os outros estavam começando a preparar a sessão da manhã. O Médium João fazia café ou nos atendia. Eu tenho grande devoção por esse homem bom e generoso. Ficarei ao lado dele até que faça a transição e se junte a Dom Inácio e ao Dr. Augusto nos reinos espirituais. Mas não vamos falar nisso. O Médium João ainda vai viver muito tempo.

Instrumentos, modalidades e orações

Eu nunca curei ninguém. Deus cura. Deus e a fé.

– João Teixeira de Faria

O TRIÂNGULO SAGRADO DA CASA

Logo ao entrar no Salão Principal da Casa, o nosso olhar é atraído para um grande triângulo de madeira fixado na parede atrás do palco. Os visitantes usam o triângulo como um ponto de prece e conexão com as Entidades. Orações e fotos são colocadas na parte inferior do triângulo até que ele fique repleto. Quando isso acontece, um médium retira dali os pedaços de papel e as fotos e os leva para a Entidade.

Do ponto de vista histórico, o triângulo é um dos mais antigos símbolos espirituais. O hexagrama – uma figura em forma de estrela formada por dois triângulos sobrepostos – é associado à proteção e à expulsão de energias negativas. Esse símbolo está presente em muitos credos e culturas – no Judaísmo, a Estrela de Davi; na Cabala, a Serifah; no hinduísmo, a Shatkona e, no Cristianismo e em algumas crenças pagãs, o Selo de Salomão, em que os triângulos representam a união dos opostos – a ponta do primeiro triângulo apontada para o céu e a ponta do segundo fixada no plano terrestre. Num sentido universal, o triângulo simboliza a transmutação resultante da união de componentes, como o masculino e o feminino divinos.

O triângulo acima foi abençoado pelas Entidades para o leitor. Você também pode copiar essa foto do triângulo. Coloque a cabeça sobre o triângulo e reze, para que os seus desejos sejam enviados para as Entidades. Você também pode anotar as suas preocupações e pedidos numa folha de papel e colocá-la sobre a base do triângulo. Depois de alguns dias, tire o papel do triângulo e queime-o. Enquanto observa as chamas, concentre-se na sua intenção de entregar a Deus o que o aflige. Em seguida visualize as muitas bênçãos que lhe estão sendo enviadas.

Na Casa, trata-se do símbolo oferecido para ajudar a nos focar, de modo que possamos nos conectar prontamente com o Divino. Visto dessa perspectiva, o triângulo é o agregado de três princípios que orientam uma vida espiritual apropriada: o amor (tolerância, o respeito e a bondade com relação aos outros), a ajuda ao próximo (o cuidado com a comunidade por meio de boas obras) e a verdade (sermos autênticos). Como pontuou a Entidade Dr. Valdivino, "O triângulo simboliza a sagrada família, e o centro é o Deus onipresente".

CURA

A cada novo dia, temos oportunidade de curar a nossa doença ou contrair outras mais. Acima de tudo, o melhor remédio é a boa vontade, pois uma vontade fraca enfraquece a imaginação e a imaginação fraca enfraquece o corpo. A doença do corpo pode criar uma doença da alma e a doença da alma pode provocar uma doença no corpo.

— André Luiz, psicografado por Chico Xavier

As Entidades vêem o corpo como um holograma; elas são capazes de ver o nosso campo energético e ter acesso a todo o nosso histórico kármico (os efeitos cumulativos das nossas ações). Quando ficamos diante delas e pedimos que nos curem, precisamos entender que estamos estabelecendo uma parceria: estamos efetuando a cura junto com elas, exercendo o nosso livre-arbítrio de maneira proativa e fazendo um esforço concentrado para mudar o nosso estilo de vida, os nossos hábitos e qualquer coisa que não esteja mais de acordo com o nosso mais elevado bem. Antes de ir à Casa, pergunte-se o que a cura significa para você. Analise cuidadosamente quais são as suas expectativas e até que ponto está disposto a contribuir com a cura. A cura vem de muitas maneiras; às vezes somos curados de modos inesperados ou que não são muito claros para nós. É importante permanecermos tão abertos quanto possível ao processo, entregando a Deus a nossa vontade e nutrindo um sentimento de compaixão por nós mesmos. Considere o exemplo a seguir sobre como as Entidades trabalham:

Karen tinha enxaquecas e pediu que as suas dores fossem curadas. Ela sofria de cefaléia em salvas desde que era garotinha, chegando a vomitar para aliviar a dor. A Entidade (o Dr. Augusto) lhe disse que ela receberia tudo o que solicitara, mas que ele não lhe daria prazos. Numa segunda visita, um ano depois, ela mais uma vez ficou diante da Entidade e lhe pediu para que aliviasse as suas enxaquecas. A Entidade olhou para ela e disse, "Sim, ela está certa. Essa filha teve enxaquecas a vida inteira. Eu estou ajudando". Ela colocou a mão sobre a cabeça dela e mandou-a para a corrente. Ela nunca mais teve enxaquecas desde então. Durante o período entre essas duas visitas às Entidades, as dores de cabeça tinham piorado. Ela teve muitas crises de cura e resolveu muitas questões importantes da sua vida. Por fim, estava pronta para aceitar a cura física.

Se você ficar diante das Entidades e pedir que "corrijam o que está errado", elas tentarão; no entanto, também procurarão elucidar que essa "correção" não resolverá de fato o seu karma. O prazo de cura de cada pessoa é diferente. Alguém que tem câncer talvez não possa se dar ao luxo de esperar por uma cirurgia física. Toda pessoa tem livre-arbítrio.

O nosso bem-estar físico é adulterado pelas crenças, pelo karma no nível espiritual e pelo karma acumulado no corpo no nível celular. A cura é a resolução da adulteração, de modo que o corpo físico possa receber uma mensagem direta do Divino.

Os exemplos a seguir mostram as diferenças que podem ocorrer nas curas efetuadas na Casa:

Alguém está doente e tudo que essa pessoa sabe é, "A minha barriga dói. Eu tenho mulher e cinco filhos. Não consigo trabalhar no sítio. Eles têm fome! Me cure". As Entidades não entram no nível mais elevado da cura. A questão é aliviar a dor desse homem para que ele possa voltar a viver a sua vida, trabalhar no seu sítio e sustentar a família. Elas percebem que esse não é o fim da dor na vida desse homem. Ele pode ter a mão mutilada num equipamento agrícola ou um filho que fique doente e venha a falecer. O homem não está buscando a iluminação a essa altura. Ele só quer que a barriga pare de doer para que ele possa trabalhar e alimentar a família.

Outro homem chega com a mesma dor de barriga e diz, "Cure-me!" Esse homem tem uma profunda prática espiritual. Ele percebe como acumula tensão e raiva na região do abdômen. Entende que precisa de uma cura profunda. Nesse caso, as Entidades podem não curar tão rápido a dor abdominal. Isso vai depender do karma desse homem. A dor não é necessariamente um aprendizado. O que ele precisa é prestar atenção.

As Entidades vão rever o karma desse homem e avaliar o seu grau de compreensão. Elas trabalharão com o Eu Superior dele para compreender a sua intenção mais profunda. Nunca tentarão manipulá-lo. Não manterão a dor ou a distorção presente no corpo de modo que a pessoa tenha de receber essa cutucada para prestar atenção. A pessoa estará efetuando a cura junto com eles. Se estiver de fato disposta a prestar atenção, de modo que a sua intenção seja tanto curar o corpo quanto despertar para níveis mais profundos, é isso o que as Entidades vão fazer, ajudar a curar o corpo e continuar apoiando o trabalho mais profundo.[9]

As Entidades e o Médium João nos lembram constantemente de que a cura ocorre em conjunção com a medicina tradicional. Eles insistem para que continuemos a seguir os nossos protocolos médicos e simplesmente acrescentam a eles cápsulas de passiflora – que não substituem esses protocolos, mas os complementam. As Entidades nunca nos dizem para parar

---

[9]   Trecho extraído de uma sessão canalizada pela escritora e professora Barbara Brodsky.

de tomar o remédio prescrito pelo médico. Elas nos lembram de que os médicos da Terra também são mensageiros de Deus.

Há ocasiões em que as pessoas chegam à Casa nos estágios finais de uma doença. Os órgãos delas já estão debilitados demais para absorver a energia de uma cura física. Isso não pode ser considerado uma falha, nem deve ser visto como um julgamento sobre a disposição da pessoa ou da capacidade dela de receber a cura. A cura também é efetuada nos níveis espirituais e kármicos e a alma muitas vezes recebe um grande apoio quando se prepara para a transição. Muitos membros da família que perdeu um ente querido depois de visitar João de Deus relataram o quanto se sentiram calmos e serenos e explicaram que toda a família compartilhou essa cura. Um caso em particular envolveu uma jovem que ao chegar à Casa estava devastada pelo câncer e dependia de doses maciças de morfina. Ela se desidratou e foi levada para o hospital, onde tomou soro. Ficou mais forte e, depois de alguns dias, não sentiu mais dor. Voltou para os Estados Unidos num estado de serenidade e absoluta lucidez mental. A família contou que sua passagem foi tranqüila e toda a família se sentiu muito amparada.

Segundo o Médium João, se a pessoa está muito doente pode ser melhor enviar primeiro uma foto dela à Entidade, para que ela diga se a pessoa tem ou não condições de fazer a viagem até a Casa. As Entidades darão instruções sobre o protocolo a seguir no caso dessa pessoa: ervas, água fluidificada ou talvez uma cirurgia por representante. Qualquer um desses tratamentos possibilita uma cura significativa, e a pessoa será avisada quando estiver mais forte e puder fazer a viagem. Infelizmente, existem casos de pessoas que viajam para a Casa nos estágios finais da vida com a intenção de não voltar mais para casa. Essas situações são perigosas e muitas vezes resultam em problemas processuais e legais para a Casa e o Médium João.

Na Casa, somos solicitados a encarar a nossa cura com seriedade, o que inclui beber muita água fluidificada, reservar bastante tempo para descansar, obedecer às restrições alimentares, tomar a sopa oferecida pela Casa e não seguir nenhum tratamento de outros curadores durante quarenta dias após a cirurgia espiritual. A cirurgia espiritual propicia uma cura pro-

INSTRUMENTOS, MODALIDADES E ORAÇÕES

funda e, embora o paciente nem sempre sinta que passou por uma cirurgia, é importante que ele fique atento e não se exceda. Por exemplo, caminhar até a cachoeira em vez de tomar um táxi, carregar objetos pesados, fazer longas caminhadas ou excursões a pé. Essas práticas muitas vezes prejudicam as suturas internas, que podem não ser visíveis no corpo, mas podem ser detectadas por exames radiológicos e de ressonância magnética.

Heather conta uma história pós-cirúrgica:

Como de costume, uma vez recomendei a quatro pessoas que descansassem durante 24 horas após a cirurgia. Fiquei surpresa ao ver três delas caminhando pelo campo em frente ao hotel nessa mesma tarde. Disseram que não sentiam dor nenhuma e estavam convencidas de que não precisavam descansar. Eu logo insisti para que voltassem para a cama, mas na hora do jantar estavam todas vomitando. Estavam certas de que tinham comido algo estragado. Eu queria me certificar da causa dos sintomas, então pedi à Entidade permissão para levar essas pessoas até ela. (Somos aconselhados a não voltar às salas da corrente até que se passem 24 horas da cirurgia, pois o nosso campo áurico está aberto, deixando-nos energeticamente vulneráveis. Isso inclui não voltar à Casa para consultar a Entidade.) A Entidade apontou para as três pessoas e disse que elas estavam simplesmente sentindo os efeitos da cirurgia espiritual; tinham sido avisadas para que voltassem para a cama. À quarta pessoa ela deu um aviso: "Você se sentirá pior durante quatro dias, mas sairá daqui curada." Aconteceu justamente o que a Entidade disse. Essa pessoa chegou à Casa com miastenia grave, mas vive saudável e livre de sintomas desde então.

O médico Carlos Appel é médium da Casa e recentemente se mudou do sul do Brasil para Abadiânia com a intenção de passar alguns meses. A filha dele, Tânia, alterna-se na direção da primeira sala da corrente e da sala de cirurgias. O Dr. Carlos é um grande amigo do Médium João e ajuda generosamente a Casa e a comunidade em que ela está, oferecendo os seus préstimos como médico clínico. Somos muito gratos a ele pelos seus serviços. O Dr. Carlos escreveu este artigo pouco tempo atrás:

A principal modalidade de cura da Casa de Dom Inácio de Loyola é a presença de Dom Inácio e de outras Entidades altamente evoluídas que ajudam na transformação das energias densas em luz. Isso é possível graças à corrente de energia gerada pelos participantes que meditam nas salas da corrente, propiciam freqüências vibratórias de nível elevado e produzem a energia usada por essas Entidades. A corrente também sustenta e dá força e proteção a João de Deus e ao seu corpo/mente/espírito, durante o desgastante processo de incorporação. Os participantes em meditação são extremamente beneficiados, pois essas freqüências elevadas transmutam as freqüências mais baixas dentro do corpo deles.

Entrar no nosso plano vibracional inferior é processo complicado para a maioria das Entidades, pois o tratamento dos nossos males físicos e espirituais exige um enorme dispêndio de energia. Muitos "irmãos e irmãs" não valorizam o sacrifício das Entidades e não seguem os seus conselhos, especialmente quando isso requer uma mudança no estilo de vida ou uma profunda transformação pessoal.

As propriedades terapêuticas dos suplementos de ervas, energizados para cada pessoa individualmente, requerem uma dieta específica e um ambiente psicológico favorável para que possam surtir efeito. Algumas pessoas acham difícil mudar o seu estilo de vida e seus hábitos físicos, emocionais ou mentais, e seguir os conselhos recebidos, mas ainda assim esperam uma cura miraculosa. A cura não pode ser efetuada sem um envolvimento pessoal no processo terapêutico.

Às vezes, a cura física não acontece porque o objetivo básico das Entidades é diferente do nosso; para elas, a cura mais importante se dá no reino do espírito imortal. O seu principal foco é elevar a alma até que ela entre em sintonia e harmonia com a Lei Divina. Às vezes uma doença é necessária para o Espírito. A Lei Divina pode achar necessário manter o corpo fraco para prevenir doenças mais graves, que podem prolongar a dor espiritual ou em vidas futuras. Muitas pessoas iluminadas percebem que a dor e o sofrimento podem ser o melhor remédio para a recuperação espiritual. Nós somos os responsáveis pela nossa própria saúde ou doença, alegria ou tristeza. Cada pessoa deve assumir a responsabilidade pela sua própria cura.[10]

DIRETRIZES DAS SALAS DA CORRENTE

ROUPAS

Como já foi mencionado, as Entidades preferem que todos os que solicitam tratamento usem roupas brancas para facilitar a visualização do campo áurico.

MANTER OS OLHOS FECHADOS

Sempre mantenha os olhos fechados durante as sessões de cura, não importa em que sala da corrente você esteja. Esse procedimento permite que as Entidades mantenham a corrente de energia.

PERNAS E BRAÇOS

Não cruze os braços ou as pernas, para não enfraquecer a corrente. A corrente forte ajuda as Entidades a usar a energia disponível para curas. Quando cruzamos os braços ou as pernas nas salas da corrente, mantemos o fluxo energético restrito a nós mesmos e nos tornamos um elo quebrado da corrente. A corrente fica mais fraca sempre que alguém cruza os braços e as pernas ou abre os olhos. As Entidades são sensíveis a esse fenômeno e à queda da energia na corrente.

---

[10] Dr. Carlos Appel, Abadiânia, 4 de fevereiro de 2006.

MANTENHA A CORRENTE

A escritora e professora de xamanismo Sandra Ingerman dá palestras sobre a transmutação do ambiente e de toxinas pessoais. O trecho a seguir, extraído do seu livro *Medicine for the Earth,* é uma fórmula eficaz a nosso ver muito útil para manter o fluxo energético da corrente:

Para curar a Terra por meio da transmutação, você precisa estar disposto a invocar a sua divindade e a se unir à sua comunidade para gerar a energia divina sagrada que transmuta o nosso ambiente. As fórmulas para transmutação usadas aqui são: intenção, amor, harmonia, focalização, união, concentração e imaginação.

Intenção: você precisa ter uma intenção clara para deixar de lado os sentimentos egóicos de separação e usar a sua energia espiritual para criar a cura e a transformação no espaço sagrado.

Amor: você precisa amar a si mesmo, as outras pessoas e a todos os seres viventes para invocar a energia divina.

Harmonia: você precisa harmonizar a sua energia com o plano espiritual e com a energia espiritual das outras pessoas.

União: quando deixa a sua energia espiritual se fundir com a energia espiritual das outras pessoas, você gera a criança divina. Essa terceira energia pode provocar a transmutação.

Focalização: é preciso uma intenção focalizada para transformar a energia num grupo.

Concentração: você precisa concentrar os seus esforços para manter a sua intenção de irradiar amor, harmonia e união no seu ambiente.

Imaginação: você precisa usar a imaginação para acreditar que realmente pode participar da criação de um espaço de cura.[11]

A CACHOEIRA

A Entidade muitas vezes recomenda uma excursão à cachoeira sagrada como parte do tratamento de cura. Todas as cachoeiras são sagradas, assim como a natureza em si. A natureza reflete sem esforço a verdade mais elevada de quem somos. Os poetas nos lembram de buscar refúgio na natureza, escrevendo acerca da sua esplêndida beleza. Águas serenas, o topo sobranceiro das montanhas e florestas virgens e luxuriantes um dia confortaram os seres humanos. Agora, devido à comunicação em alta velocidade e outras tecnologias, a humanidade está inundada de imagens, sons e visões que nos distraem e entretêm, mas nos fazem esquecer a nossa ligação íntima e inata com os elementos.

A cachoeira da Casa, conhecida como *Cachoeira de Lázaros*, fica a um quilômetro da Casa. Trata-se de uma pequena cascata, aninhada no final de uma trilha morro abaixo, em meio à mata e ladeada por pedras lisas e cinzentas. A cachoeira é energizada pelos Devas (seres espirituais) da natureza, pelas Entidades de Luz e pelos anjos atraídos para a região graças ao trabalho de João de Deus. Quando adentrar esse espaço sagrado, entre em sintonia com a força vibratória mais elevada desse lugar e deixe que ela o purifique espiritualmente. A visita à cachoeira é uma oportunidade para revigorar o corpo e a consciência.

As Entidades pedem que todos sigam algumas diretrizes muito simples quando forem à cachoeira:

▲ Só vá até lá com a permissão das Entidades.

---

[11] Sandra Ingerman, *Medicine for the Earth* (Nova York: Three Rivers Press, 1994).

- ▲ Nunca vá sozinho. Limite o seu tempo a cinco minutos. Respeite aqueles que esperam para entrar.
- ▲ Não leve à cachoeira velas, sabonete ou outros objetos, nem pegue dali pedras ou cristais.
- ▲ Respeite esse santuário e não deixe lixo para trás.
- ▲ Homens e mulheres devem ir separadamente; de preferência em grupos.
- ▲ Use roupa de banho. É proibido tirar fotografias.
- ▲ Descanse pelo menos 48 horas depois da cirurgia. Tome um táxi até a cachoeira até que passe pela revisão da cirurgia, oito dias depois.
- ▲ Não visite a cachoeira depois das cinco horas da tarde.

Heather relata:

Já vi cobras em várias ocasiões nas imediações da cachoeira. Não digo isso para causar alarme, mas para alertar. Lembremo-nos de que estamos dividindo esse espaço com toda a natureza. Tenha cuidado ao andar, não saia das trilhas e não vá à cachoeira depois que escurecer. Sempre leve alguém com você quando for até lá.

As cobras são criaturas extraordinárias; elas não têm intenção de fazer mal ao ser humano. São símbolos de transformação. Assim como a cobra troca de pele, nós também devemos deixar para trás os maus hábitos, a nossa "pele mais grossa", e abarcar a nossa luz interior, vivendo com base num espaço interior de radiância. Podemos evocar o poder da cobra para nos ajudar a realizar esse trabalho ao longo da vida.

Embora nos peçam para não tirar fotos na cachoeira, numa ocasião a Entidade (o Dr. Augusto) pediu a Karen para ir até lá: "Tire sete fotos, nem mais nem menos. Será um presente para você." Quando Karen mostrou as fotos à Entidade, ele apontou para a presença sutil do espírito em cada foto. Toda matéria tem uma freqüência vibracional, e as imagens podem ser um poderoso instrumento de cura. As fotos incluídas neste livro podem nos ajudar a nos ligarmos não apenas com a ressonância divina da Casa, mas com o nosso corpo de luz espiritual. Isso cria um campo de força de energia curativa que pode nos elevar e ajudar na nossa transformação. O Dr. Augusto deu-nos a sua permissão para usarmos essas imagens no livro, mas, desde então, continuamos seguindo as regras da Casa e nunca tiramos fotos na cachoeira.

OS BANHOS DE CRISTAL DA CASA

A cama de cristal é uma modalidade terapêutica que usa uma série de cristais de quartzo especialmente lapidados e iluminados por lâmpadas coloridas. A sessão na cama de cristal, também chamada banho de cristal, é muitas vezes prescrita pelas Entidades para rejuvenescimento, sintonização e preparação para trabalhos de cura posteriores. Essas sessões ajudam a equilibrar, purificar e restaurar o padrão energético do corpo.

Os banhos de cristal têm uma duração de vinte minutos, em que a pessoa descansa numa maca de olhos fechados, enquanto é banhada pela energia luminosa dos cristais. As luzes coloridas que iluminam cada cristal correspondem aos sete chakras principais do corpo humano, que são centros energéticos responsáveis por fazer a energia espiralar através do nosso sistema energético e de meridianos. Luz e cor brilham através de cada cristal em padrões alternados, ampliando a energia vital em espirais. *Chakra* é uma palavra sânscrita que significa "roda" e se refere aos sete centros energéticos do corpo. Esses centros energéticos estão alinhados numa coluna central ascendente, que vai da base da coluna até o topo da cabeça. Os chakras absorvem e irradiam força vital (prana/chi/ki) num movimento giratório, para manter o corpo físico e os sutis em equilíbrio. *O sistema dos meridianos*, como descrito pela medicina chinesa, consiste numa rede de canais energéticos por onde passa a força vital do corpo.

Os cristais são capazes de transmitir, armazenar e modular a energia. A estrutura extremamente organizada dos cristais de quartzo permite que os fótons em movimento em seu interior sejam capturados e condensados como em outras formas de matéria. O cristal é, portanto, um instrumento para usar a luz e a energia de modos específicos. Os efeitos terapêuticos da terapia com cristais são resultado da vibração dos cristais que ressoam com a água dos nossos tecidos e células. A água estruturada tem uma tensão superficial mais elevada e propriedades de ligação. Trata-se do estado puro da água dos tecidos celulares saudáveis. As células cancerosas e outras células doentes contêm água desestruturada. Os padrões vibracionais amplificados pelos banhos de cristal da Casa se manifestam como padrões cada vez mais elevados de ordem, harmonia e percepção. A presença das Entidades é muitas vezes sentida durante esses tratamentos.

ÁGUA FLUIDIFICADA

A água é um dos principais componentes do corpo – aproximadamente setenta por cento do corpo humano é constituído de água, além dos outros elementos: a terra, o fogo, o ar e o éter. Essa água deixa as nossas células repletas de prana/chi/ki revitalizante e nutre o nosso ser. A desidratação diminui rapidamente a nossa força vital, mas podemos nos reenergizar tomando água pura. O nosso sangue é a corrente interior que carrega nutrientes fundamentais ao longo do nosso corpo e elimina as toxinas. Citando Masaru Emoto em seu livro *The Secret Life of Water*[12], "A água tem memória e carrega em si os nossos pensamentos e as nossas orações. E como nós mesmos somos água, não importa onde estamos, as nossas orações são levadas para o resto do mundo".

A água da Casa é energizada pelas Entidades para ajudar na nossa cura. Bebemos a água fluidificada da Casa como parte do nosso protocolo enquanto estamos em Abadiânia e também em casa. As pessoas passam por um profundo tratamento de desintoxicação enquanto estão na Casa, e

---

[12] *A Vida Secreta da Água*, publicado pela Editora Cultrix, São Paulo, 2006.

INSTRUMENTOS, MODALIDADES E ORAÇÕES

evita-se a desidratação com a ingestão de dois ou mais litros de água por dia. As Entidades muitas vezes prescrevem somente água, não ervas. Elas também recomendam que a água seja vertida num copo de vidro, em vez de bebida diretamente da garrafa. Se você visitar a Casa ou for atendido por João de Deus em outra região do país ou no exterior, procure levar algumas garrafas da água fluidificada com você quando voltar para casa, de modo que possa dar prosseguimento ao processo de cura e aumentar a sua eficácia.

A Casa já recebeu muitos testemunhos sobre os efeitos formidáveis da água fluidificada. Por exemplo, uma mulher veio à Casa pedir ajuda para o pai, que estava recebendo a extrema-unção no hospital. A Entidade recomendou que ela levasse uma garrafa de água da Casa e fosse direto para o hospital. Ela deveria umedecer as pálpebras e lábios do pai com a água fluidificada. No dia seguinte, o pai se recuperou e ainda está vivo, dez anos depois.

Kathy Clifford chegou em julho de 2005, debilitada e sofrendo de câncer nos ossos. Ela chegou até mesmo a trazer a própria cama elástica para dormir. Deram a ela lençóis de algodão e uma garrafa da água da Casa e sugeriram à amiga, Margaret, que massageasse a coluna dela com a água enquanto visualizava-a como se fosse luz em estado líquido. A dor imediatamente diminuiu e ela dormiu bem. Kathy continuou se submetendo a esse tratamento todas as noites, enquanto esteve no Brasil. Quando voltou à Casa, quatro meses depois, já tinha ganho peso e não precisava mais da cama especial. O Capítulo 10 inclui mais detalhes sobre as experiências de cura de Kathy Clifford com João de Deus.

Outra mulher, que havia sofrido uma delicada cirurgia nos Estados Unidos, tratou metade da sua extensa equimose e cicatriz com a água da Casa, enquanto a outra metade não foi tratada. A diferença no processo de cura das duas metades foi gritante. A região tratada se curou imediatamente, mas a metade da cicatriz e da equimose não tratada demorou muito mais tempo para sarar.

A MEDIUNIDADE NA CASA

Todos somos médiuns inatos, mas ocasionalmente a Entidade intitula alguém como "Médium da Casa". Ela também pede que o nome da pessoa seja registrado na Secretaria e que ela passe a ter uma carteirinha com a assinatura do Médium João. Esse reconhecimento também traz mais responsabilidade, algumas das quais relacionadas abaixo:

1. Familiarize-se com as Diretrizes da Casa, siga-as e informe-as às outras pessoas.
2. Procure orientar gentilmente aqueles que vêm à Casa. Sempre pratique a caridade e comunique-se com todos com amor, compaixão e respeito, tolerância, humildade e gentileza. Lembre-se de que, ao agir desse modo, você está ajudando a criar um ambiente de paz e harmonia para todos.
3. Observe a regra do silêncio no Salão Principal e nas salas da corrente, durante as sessões da Casa.
4. Colabore sempre que possível durante as sessões da Casa, ajudando a formar e organizar filas únicas no Salão Principal e lembrando os visitantes da necessidade de manter silêncio, manter os olhos fechados e não cruzar pernas ou braços.
5. Respeite os horários das salas da corrente: 7:45 da manhã e 1:45 da tarde. Entre sempre pela primeira sala da corrente, e não pela sala de cirurgias. Chegue no horário e assista à prece de abertura. Ajude a informar as outras pessoas acerca dos horários da sessão da corrente.
6. Entre em fila única na sala da corrente, em silêncio. Dê preferência às pessoas de cadeiras de rodas.
7. Expanda a sua evolução intelectual e espiritual lendo os livros de Chico Xavier e de Allan Kardec, assim como os livros da Casa.
8. Ajude a levar as pessoas à cachoeira e a garantir que sigam as regras de conduta da área.

9. Evite perturbar o Médium João indo excessivamente ao escritório para consultá-lo entre as sessões. É importante respeitar a privacidade dele, lembrando que é essencial para a saúde e bem-estar do Médium João que ele descanse durante esses intervalos.

ORAÇÕES

Ao levantar, agradeça a Deus pela bênção da vida. Se você não tem o hábito de rezar, concentre-se e traga à memória antigos pensamentos de serenidade e otimismo durante alguns instantes, antes de voltar à atividade.

– A Entidade André Luiz, psicografado por Chico Xavier

A oração favorita do Médium João é a Prece de Cáritas. Ele sempre inicia as sessões de cura recitando os primeiros versos dessa prece e continua a recitá-la até incorporar. Nós apresentamos aqui a Prece de Cáritas na íntegra, uma versão aramaica do pai-nosso, como era escrito antes de ser traduzido para o grego e o latim, e a Prece da Mãe Divina.

PRECE DE CÁRITAS

Deus, nosso Pai, que sois todo poder e bondade, dai a força àquele que passa pela provação, dai a luz àquele que procura a verdade; ponde no coração do homem a compaixão e a caridade.

Deus! Dai ao viajor a estrela-guia, ao aflito a consolação, ao doente o repouso.

Pai! Dai ao culpado o arrependimento, ao espírito a verdade, à criança o guia, ao órfão o pai.

Senhor! Que a vossa bondade se estenda sobre tudo que criastes. Piedade, Senhor, para aqueles que não Vos conhecem; esperança àqueles que sofrem. Que a vossa bondade permita sempre aos espíritos consoladores derramarem por toda parte a paz, a esperança e a fé.

Deus! Um raio, uma faísca do vosso amor pode abrasar a Terra! Deixai-nos beber nas fontes dessa bondade fecunda e infinita, e todas as lágrimas secarão; todas as dores acalmar-se-ão. Um só coração, um só pensamento subirá até Vós, como um grito de reconhecimento e de amor.

Como Moisés sobre a montanha nós Vos esperamos com os braços abertos. Oh! Poder... Oh! Bondade... Oh! Beleza... Oh! Perfeição... E queremos de alguma sorte alcançar a Vossa misericórdia.

Deus! Dai-nos a força de ajudar o progresso, a fim de subirmos até Vós; dai-nos a caridade pura; dai-nos a fé e a razão; dai-nos a simplicidade, que fará de nossas almas o espelho onde se deve refletir a Vossa Pura e Santa imagem.

Amém.[13]

PAI-NOSSO DE CRISTO

(*Tradução do Aramaico*)

Ó força procriadora!

Pai e Mãe do cosmo, mira tua luz dentro de nós, abençoando-nos.

Cria o teu reino de união, agora.

O teu desejo e o nosso sejam únicos, assim como em toda luz e todas as formas.

Dá-nos todos os dias o que necessitamos em pão e entendimento.

Desfaz os laços que nos prendem assim como nós soltamos as amarras da culpa de nossos irmãos.

---

[13] Psicografada na noite de Natal, em 1873, pela madame W. Krell em Bordeaux, França, ditada pelo espírito Cáritas [Caridade]. Referência: *O Livro de Preces da Casa*, Casa de Dom Inácio, Abadiânia, Brasil.

Não permitas que as coisas superficiais nos iludam e liberta-nos de tudo o
que nos detém.
De ti nasce toda vontade reinante, o poder e a força viva que se renova a
cada dia e a tudo embeleza.
Dá poder a esta declaração para que possa ser o solo no qual cresçam todas
as minhas ações, amém.[14]

ORAÇÃO À MÃE DIVINA

Mãe nossa, cujo corpo é a Terra,
Santificado seja o teu ser. Floresçam os teus jardins.
Seja feita a tua vontade assim nas cidades como na natureza.
Agradecemos a este dia o alimento, o ar e a água.
Perdoa os nossos pecados contra a Terra, como nós nos perdoamos uns aos
outros.
E não nos deixes ser extintos, mas livra-nos da nossa insensatez.
Pois tua é a beleza e o poder, e toda a vida, do nascimento à morte,
Do princípio ao fim. Amém.
Assim seja. Abençoada seja!

ORIENTAÇÕES PÓS-CIRÚRGICAS

Os protocolos da Casa são atualizados regularmente. Por favor, verifique
com a equipe da Casa ou com o guia da sua excursão para obter mais
orientações.

RESTRIÇÕES RELACIONADAS À ALIMENTAÇÃO

Depois da cirurgia e enquanto estiver tomando as ervas, por favor siga estas instruções: evite pimenta, álcool, carne de porco e qualquer alimento

---

[14] Extraído pela autora do site http://www.abbra.eng.br/oracao29.htm.

que contenha carne de porco, inclusive toucinho, presunto, salame, salsicha e sopas de ervilha com toucinho.

ATIVIDADE SEXUAL E EXERCÍCIOS

Depois da cirurgia é necessário um descanso de quarenta dias. Exercícios extenuantes como corrida, yoga, caminhada em ritmo acelerado ou levantamento de pesos devem ser evitados. Recomenda-se abstinência sexual de quarenta dias depois da primeira cirurgia/intervenção espiritual e de oito dias depois de todas as cirurgias espirituais subseqüentes. O nosso corpo precisa de energia vital para se curar. Qualquer movimento extenuante pode prejudicar cirurgias profundas ou as suturas internas.

OBSESSÃO E ENVOLVIMENTOS ESPIRITUAIS

O fenômeno do envolvimento espiritual e da obsessão de seres humanos por espíritos desencarnados e pouco esclarecidos é uma ocorrência comum tratada na Casa, embora a maioria das pessoas não tenha consciência desse trabalho e não perceba os seus efeitos. Esses espíritos estão tão presos ao plano terreno que não se deram conta de que deixaram o corpo físico. As Entidades os libertam com amor, carinho e compaixão, de modo que eles possam seguir para o lugar ao qual pertencem no mundo espiritual. Orientados pela equipe de Entidades, médiuns especialmente treinados (conhecidos como *médiuns de transportes*) trabalham na sala da corrente e ajudam na libertação desses espíritos.

Esse tipo de limpeza também cura a pessoa a quem o espírito desorientado está preso. Uma das razões por que é tão importante manter os olhos fechados nas salas da corrente quando estamos meditando é o fato de que isso aumenta a nossa proteção e ajuda no trabalho interior que está sendo constantemente realizado em benefício tanto dos encarnados quanto dos desencarnados. Também é importante rezar e desvencilhar-se de

INSTRUMENTOS, MODALIDADES E ORAÇÕES

emoções negativas, pois isso fortalece o campo áurico. Espíritos desencarnados em estado de desorientação não têm interesse pelo campo áurico de uma pessoa positiva, amorosa e feliz – assim como uma infecção não pode invadir o nosso corpo quando estamos fortes e saudáveis. Existe um véu de proteção sobre a Casa e toda a propriedade que mantém todos a salvo dessas vibrações mais densas e de envolvimentos espirituais.

AO DEIXAR A CASA

Muitas pessoas deixam a Casa às sextas-feiras e há uma grande pressão para que todos sejam recebidos antes de partir. O corpo do Médium João fica cansado e as Entidades querem que a sessão da tarde transcorra com a maior tranqüilidade possível. A Entidade às vezes se aborrece e diz, "Essa pessoa foi vista pela manhã; não precisa vir de novo. Elas estão sendo tratadas na corrente".

No final da sessão, ouça o convite do líder da sala da corrente para se despedir da Entidade e receber as prescrições fitoterápicas recomendadas. Esse convite é *apenas* para as pessoas que *não* passaram pela Entidade pela manhã. Por favor, fique sentado até que você seja chamado para entrar na fila que está se formando. O fluxo da corrente é rompido quando todos se levantam ao mesmo tempo. Sempre ande em silêncio e com cuidado. Se você passou pela Entidade de manhã, aproveite esse momento para fazer uma prece de agradecimento. Visualize que você e as outras pessoas da sala estão passando por uma limpeza antes de partir. A Entidade escolherá um ou dois médiuns para fazer a prece de encerramento. Eles pedirão que você participe da prece que solicita a purificação espiritual da Terra, de Abadiânia, da Casa e de cada pessoa que ali está presente nesse dia. A prece de encerramento assegura a continuidade da nossa proteção e cura.

Viagens ao exterior

Por que eles não me convidam para ir aos hospitais?
Eu poderia ajudar ali também.

– Dr. Oswaldo Cruz, abril de 2006, Atlanta

O médium João viajou a vários países. As Entidades lhe pediram que fizesse esse trabalho e, fiel ao seu compromisso, ele viaja para onde quer que os guias espirituais o conduzam. Essas breves porém intensas viagens, nas quais ele atende milhares de pessoas por dia, são extenuantes para o Médium João. O corpo dele é forte, mas o trabalho é fisicamente extenuante e ele precisa dar muito de si mesmo em serviço da humanidade. O Médium João mostra imensa dedicação à sua missão, ao mesmo tempo em que somos lembrados da humanidade desse homem.

De fato, o Médium João é brasileiro. Ele se diverte aonde quer que vá. Visita alguns poucos pontos turísticos, mas não gosta de atenção especial. Está constantemente preocupado com o bem-estar da equipe que o acompanha, certificando-se de que esteja todo mundo confortável e bem alimentado. Ele prefere ficar no quarto de hotel e muitas vezes se reúne com amigos mais chegados à noite para comer, conversar, rir e contar histórias. Às vezes põe uma música para tocar e dança um samba. Adora brincadeiras inocentes, mas o seu humor nunca é malicioso ou ofensivo. Certo dia, depois de ver mais de três mil pessoas na Alemanha, o Médium João contou histórias maravilhosas sobre a sua infância. Ele sente dificuldade para dormir à noite depois das longas sessões de cura e muitas vezes fica acordado até o alvorecer. Como já mencionado, ele faz trabalhos espirituais por volta das duas da manhã e esses compromissos às vezes demoram várias horas.

Quando está trabalhando em outros lugares, a Entidade muitas vezes diz às pessoas, "Quero ver você no Brasil" ou "Para o seu trabalho, preciso que você vá ao Brasil". Embora a corrente possa ser estabelecida em qualquer lugar, as correntes temporárias não têm a mesma força que as da Casa, pois em Abadiânia o Médium João tem mais liberdade para fazer intervenções espirituais físicas e as pessoas recebem mais energia espiritual. As correntes da Casa criam um poderoso campo de força formado pela concentração dos médiuns experientes da Casa. Esse forte campo energético se baseia num alicerce maior: a energia que emana da própria Terra. Em Abadiânia, como em muitos lugares sagrados, existe um vórtice de energia que sustenta o trabalho espiritual. Quando as Entidades sugerem que alguém visite a Casa para obter uma cura mais profunda, isso significa que essa pessoa precisa passar por esse campo de energia.

Embora o Médium João não fale a respeito, sabe-se que a incorporação das Entidades em diferentes partes do mundo é necessária por causa da transição pela qual a humanidade está passando. Ele é um instrumento para disseminar a luz da consciência ao redor da Terra. Cada mão que ele toca, cada olhar que ele dá carregam essa infusão acelerada de luz, altruísmo e graça. Como uma vela acesa, aqueles que são tocados carregam essa luz para onde quer que vão e multiplicam a luz com todos os que encontram.

A FALANGE NO PERU

Certa vez, em 2005, enquanto trabalhava na sala da corrente, Heather estava preocupada em colher informações para este livro, em particular sobre João de Deus e sua viagem ao Peru. A Entidade (o Dr. Valdivino) pediu que ela se aproximasse e disse, "Filha, vá à loja da Casa e compre o livro de Liberato Povoa. Ele estava com o Médium João no Peru. Lá você encontrará as respostas para as suas perguntas. Você pode usar esse livro". Heather comprou o livro recomendado e, enquanto lia, ela sentiu a energia das Entidades irradiando-se das páginas. O juiz Povoa é um prolífico escritor de livros jurídicos e juiz do tribunal superior. Visitante freqüente da Casa e médium, ele é um amigo próximo e confidente do Médium João.

O Médium João foi pela primeira vez à Lima, no Peru, em 1991. A viagem foi patrocinada pelo funcionário do governo Luís Rosello, que tinha visitado a Casa e sido curado de um problema do coração. O Médium João levou com ele uma grande comitiva de médiuns, advogados e enfermeiros. A Associação Médica do Peru considerou o Médium João e os seus dons uma ameaça e conseguiu prendê-lo. Muitas pessoas já tinham sido curadas e reagiram com protestos em massa. Muitos médicos ofereceram testemunhos da sua autenticidade e o Médium João logo foi libertado.

Há relatos de que mais de vinte mil pessoas foram curadas nessa visita. A grande maioria dos que buscavam a cura sofria de cólera, pois havia uma epidemia na época. Durante essa viagem, as Entidades receberam a visita do presidente Fujimori, que foi curado de um problema muscular nas mãos. O filho dele também foi curado de uma perturbação mental. O Médium João foi agraciado pelo governo peruano com uma Medalha de Honra ao Mérito.

Liberato Povoa foi convidado pelo Médium João para acompanhá-lo em sua missão seguinte ao Peru, em 1994. O seu livro *João de Deus, o Fenômeno de Abadiânia*, foi escrito em português e gostaríamos de homenageá-lo transcrevendo aqui um trecho adaptado desse livro, sobre a memorável visita do Médium João ao Peru:

Desembarcamos em Lima na madrugada de 18 de janeiro e, para minha surpresa, o aeroporto estava apinhado de gente. Depois de quase uma hora atendendo a inúmeros repórteres de rádio, TV e jornais, conseguimos chegar ao hotel. Ali permanecemos até as seis da manhã, para tomarmos o vôo até Puno, nosso destino final. Nessa cidade João Teixeira iria atender à população pobre, a convite das autoridades locais, numa viagem organizada pelo presidente da Casa de Dom Inácio em Puno, o sr. Angel Valverde.

O vôo fez escala em Arequipa e, apesar de não desembarcarmos, pudemos observar a multidão que se comprimia no pátio do aeroporto, na esperança de pelo menos ver João de Deus. Após uns vinte minutos, levantamos vôo e aterrissamos na cidade de Juliaca, a 45 km de Puno. Em Juliaca, já nos aguardavam as autoridades de Puno, com fortíssimo esquema de segurança, devido à aglomeração previsível, que poderia despertar uma ação do Sendero Luminoso, grupo terrorista em plena atividade contestatória ao governo peruano. Para se ter uma idéia da importância da estada de João Teixeira de Faria no Peru, permaneceram conosco, praticamente as 24 horas do dia e durante os seis dias em que permanecemos em Puno, em torno de cem homens da tropa de elite, comandados por inúmeros oficiais.

Em Puno, pudemos assistir ao que se pode descrever como verdadeira profissão de fé. Como o sr. Valverde anunciara a ida de João, milhares de pessoas acotovelavam-se à espera dele, carregando garrafas de água e rogando-lhe que os abençoasse ou pelo menos tocasse as garrafas.

Os organizadores da ida de João de Deus prepararam o Clube de Tiro de Puno para o local de atendimento. No período de cinco dias, ele atendeu quase vinte mil pessoas e fez mais de mil operações, espirituais e com instrumentos cirúrgicos.

Como em uma viagem anterior ao Peru a classe médica se opusera às cirurgias, João de Deus tomou certas precauções, que acabaram por se tornar uma constante em suas viagens ao exterior: ele só viaja quando recebe convite oficial das autoridades e sempre leva consigo pessoas idôneas, que possam atestar a seriedade de seu trabalho. Também faz questão de que médicos e funcionários do Ministério Público assistam às cirurgias.

Em Puno, os trabalhos iniciavam-se normalmente entre oito e nove horas da manhã e iam até tarde da noite, quando nos recolhíamos ao hotel. No entanto, o trabalho não se limitava a esse horário: várias vezes, às seis horas da manhã já havia nas imediações do hotel centenas de pessoas, que o médium João pacientemente atendia antes de se dirigir ao Clube de Tiro. Ao retornarmos ao hotel, também ali se achava uma verdadeira multidão, obrigando-nos a entrar pela garagem, cercados por forte esquema de segurança. Ainda assim, João de Deus fazia questão de atender um por um, o que nos levava às vezes a nos recolher ali pelas duas da manhã, para às seis estarmos novamente de pé. Ficávamos esgotados ao fim da jornada diária, pois, além de mim, que entendia um pouco o castelhano, só falava espanhol a dra. Neide, que integrava a comitiva. Além disso, tínhamos que permanecer ao lado da Entidade durante todo o tempo. À noite, sofríamos com a falta de ar, pois Puno fica a quase quatro mil metros acima do nível do mar, e invariavelmente tínhamos que recorrer ao chá de coca para atenuar a dispnéia.

Impressionou-me a resistência do médium João, que só tomava um copo de suco de mamão antes de iniciar os trabalhos e passava o dia inteiro sem se alimentar, só comendo alguma coisa tarde da noite.

Durante o atendimento, milhares de pessoas postavam-se em fila indiana, organizadas por nós. Homens, mulheres, crianças, anciãos, aleijados, cegos, pessoas com as mais variadas enfermidades, passavam o dia inteiro sob o frio cortante de oito graus, muitas delas depois de passar duas noites dormindo na fila, às vezes debaixo de chuva. Na fila, pessoas muito bem vestidas, indicando boa situação financeira, ao lado de pessoas paupérrimas, algumas das quais, mesmo sob o frio cortante, vestidas unicamente com uma cueca tipo Zorba. Mas o espírito de justiça de João de Deus não admitia privilégios no atendimento.

Para se avaliar o número de pessoas, basta dizer que acabou a água engarrafada disponível em Puno, uma cidade com cerca de 400.000 habitantes, com um comércio ativo, embora seja uma das regiões mais pobres do Peru (uma das razões pelas quais o médium João a escolheu). Ainda assim, no último dia de atendimento, esgotado o estoque de água mineral da cidade, os comerciantes mandaram buscar água em Arequipa, a 350 quilômetros dali, para ser fluidificada. E nesse último dia, havia pessoas trazendo água acondicionada em saquinhos plásticos, às vezes água suja, aparentemente recolhida em poças na rua, pois a chuva fina e constante não dava tréguas. Isso nos deixava extremamente preocupados, pois o Peru é o campeão da cólera e Puno é uma cidade sem saneamento básico, com esgoto a céu aberto. Como que por milagre, não ocorreu um só caso de cólera durante a permanência de João de Deus no Peru.

Na véspera do nosso retorno, o médium João foi procurado pelo chefe de relações públicas da empresa Socosani S.A., grande produtora de água mineral em Arequipa. Ele lhe propôs financiar a sua ida àquela cidade, para atender às pessoas necessitadas, com todas as despesas pagas para uma comitiva de dez pessoas, pelo período que o médium João estabelecesse. A única condição seria distribuir com exclusividade a água mineral produzida pela empresa (que, ao ver esgotados todos os estoques de água em Puno, previu o lucro enorme que teria, caso fosse aceita a proposta). No entanto, o médium brasileiro olhou com reservas a proposta e acabou não aceitando, com o justo receio de que o seu nome fosse explorado comercialmente. Ele próprio jamais aceitou nenhum convite que pudesse implicar em qualquer remuneração pelo atendimento. Aliás, no terceiro dia em que atendia em Puno, soube que estavam sendo cobradas as senhas distribuídas às quase vinte mil pessoas, o que o irritou profundamente e o fez ameaçar suspender o atendimento, caso fosse verdade. Felizmente isso não ocorreu.

Quando a televisão e os jornais noticiaram a presença de João de Deus em Puno, verdadeiras caravanas chegaram à cidade, provenientes das províncias peruanas, bem como da Bolívia, do Chile e da Venezuela, além de jornalistas de países vizinhos.

Nesse curto período de cinco dias, calculo que cerca de mil operações (visíveis e invisíveis) tenham sido feitas, além de milagrosas curas e testemunhos importantes de pessoas que haviam recebido graças em viagens anteriores. É impossível mencionar todas, mas alguns fatos podem ser destacados, apenas para que o leitor aquilate a força espiritual do médium.

Sob a vigilância de membros do Colégio de Médicos e de fiscais do Ministério Público, foram feitas operações diversas, como catarata, próstata, remoção de cistos e tumores, entre centenas de outras. Até mesmo os médicos e os fiscais do Ministério Público se submeteram às cirurgias.

Os casos mais impressionantes que se verificaram, talvez pelo impacto causado na multidão que assistia aos fenômenos, eram os de pessoas que chegavam ali escoradas em muletas e amparadas por amigos ou parentes.

Lembro-me claramente de uma mocinha de seus 13 ou 14 anos, dançarina de um grupo folclórico em Cuzco, que estava de muletas, em razão de um acidente de carro. O médium, após massagear suas pernas, ordenou:

– Caminhe! Você está curada!

Ante o olhar incrédulo de muitos, ele atirou longe e com estardalhaço o par de muletas, e a mocinha, de início com certa dificuldade, começou a caminhar, sob os intensos e incontidos aplausos dos presentes. Um pouco depois, ela já estava andando quase normalmente, derramando copiosas lágrimas de gratidão, ao lado dos familiares.

No momento em que muletas eram atiradas longe (e isso ocorreu várias vezes), o público aplaudia e, de imediato, a imprensa entrevistava o paciente, que mal continha a emoção.

No dia anterior, a pedido do general Luiz Paz Cárdenas, comandante da Unidade do Exército em Puno, foram atendidas, só durante a manhã, cerca de mil pessoas, familiares dos militares. Nesse atendimento houve o caso de um menino que se encontrava quase entrevado, andando com muita dificuldade, apoiado em muletas. Quando chegou a vez dele, a Entidade ordenou que andasse. Poucos ali acreditavam que o menino pudesse andar, pois havia muito tempo era tratado por fisioterapeutas e ortopedistas, sem nenhum resultado.

Os incrédulos presentes arregalaram os olhos diante desse caso muito conhecido em Puno, pois o menino pertencia a uma família de militares de certa proeminência na Província. Quando lhe foram subtraídas as muletas, o menino começou a andar, diante do público boquiaberto com o milagre. Nesse momento pude observar, ao meu lado, duas lágrimas banharem o rosto duro e fechado do general Paz, que não conseguiu disfarçar a emoção.

No penúltimo dia de atendimento, chegou um ancião que, segundo os familiares, muitos anos antes perdera a audição. A Entidade, por meio do médium João Teixeira, pôs as mãos espalmadas sobre os ouvidos do ancião e, após alguns instantes, disse a um dos familiares:

— Como é o nome dele?

Ao dizerem-lhe que se chamava Vicente, o médium ordenou que alguém ficasse atrás do ancião, a uns dois metros de distância, e o chamasse pelo nome sem alterar a voz. Os familiares entreolharam-se, duvidando que ele fosse ouvir.

Quando alguém o chamou pelo nome, Vicente virou-se e atendeu ao chamado; no mesmo instante, um outro, atrás, também o chamou, e ele voltou-se, ouvindo tudo. Nem é preciso dizer que ao se ver curado, o homem deixou o local derramando lágrimas e dando entrevistas aos jornais e à TV, normalmente.

Durante a realização de inúmeras curas, uma senhora proveniente de Lima chegou acompanhada do filho, com cerca de 12 anos de idade. Visivelmente emocionada, a senhora deu o seu testemunho, dizendo que, antes, o menino era louco, um martírio para a mãe, e vivia praticamente amarrado, sem ter uma vida normal. Com mais de 10 anos de idade, jamais tivera condições de ter pelo menos um professor particular para acompanhá-lo (embora a família fosse abastada), devido à loucura, quanto mais freqüentar a escola. Na vez anterior em que estivera no Peru e curara o presidente Fujimori e o filho dele, o Médium João também curara o pequeno louco, e, desta vez, ali estava a mãe, depois de enfrentar dois dias de fila sob o frio cortante, não para pedir novas curas, mas unicamente para dar o seu comovente testemunho. O filho confirmou, de viva voz, que estava estudando em Lima e fazendo grandes progressos na escola.

Também no mesmo dia, participou da corrente, e foi curada de um mal na coluna, uma religiosa da ordem das dominicanas residente em Arequipa, que dali saiu emocionadíssima e bendizendo o médium brasileiro pela cura.

Acompanhava-nos também o comandante Mario García Noé, da Polícia Nacional Peruana, que nos esperava no aeroporto de Lima e esteve conosco durante todo o tempo em Puno, hospedando-se, inclusive, no mesmo hotel. Ele fora vítima de um atentado terrorista e atingido na medula espinhal. Paraplégico, preso a uma cadeira de rodas, fora desenganado pelos médicos. No dia em que embarcamos em Lima, para voltar ao Brasil, o comandante Mario, depois de receber passes durante a nossa permanência no Peru, já conseguia ficar em pé, embora apoiado. As Entidades deram-lhe esperanças de restabelecimento se viesse ao Brasil oportunamente e continuasse o tratamento.

No último dia em que estivemos em Puno, João Teixeira foi homenageado como verdadeiro Chefe de Estado pela Unidade do Exército

Peruano naquela Província. Apesar da chuva constante, os militares desfilaram em trajes de gala, com imponência só dispensada às mais distintas autoridades.

JOÃO DE DEUS VISITA ATLANTA, GEORGIA

Pessoas de todo o país e do mundo convergiram para Atlanta, Georgia (EUA) na primavera de 2006. Um clamor coletivo por ajuda foi ouvido nos reinos espirituais, quando os doentes, os deficientes, os desesperados e os solitários lotaram o grande centro de conferência.

João de Deus terminou os seus trabalhos na Casa às seis da tarde da sexta-feira, um dia antes de viajar para Atlanta. A esposa dele, Ana, tinha tomado providências para que chegassem antecipadamente ao seu destino, no sábado, um dia antes da primeira sessão. João de Deus trabalha incansavelmente em sua missão e, embora o seu corpo possa ficar exausto com a carga de trabalho, ele adora o que faz e estava empolgado diante da expectativa de receber aproximadamente 2.500 pessoas, que viriam vê-lo e às Entidades.

Depois de chegarem a Atlanta, ele descansou um pouco enquanto esperava Heather apresentá-lo aos voluntários, conheceu o local onde faria as sessões e estabeleceu as bases do trabalho do dia seguinte. Durante os três dias que o Médium João ficou em Atlanta, Heather serviu-lhe como assistente particular e intérprete. Ela também serviu como intérprete para as Entidades durante as sessões.

A cada manhã desse evento de três dias, o saguão se transformou num mar de pessoas de branco. Os voluntários instruíam as pessoas que esperavam para formar a fila e depois lhes indicavam o caminho até o "Salão Principal" temporário. João de Deus chegou e agradeceu a todos, inclusive às autoridades americanas, por deixá-lo ficar em Atlanta. Então ele atravessou as cortinas e entrou na sua sala da corrente. Segurando na mão de Heather, ele deixou o corpo e incorporou a Entidade. Um a um, os milhares de "filhos" foram vistos. Alguns se postaram diante da Entidade com reverência, outros com ceticismo. Algumas pessoas não sabiam o que esperar e pareciam confusas ao passar diante da Entidade. Elas não entendiam como a cura poderia se iniciar apenas com um breve olhar e um aceno da Entidade, dizendo, "Vou fazer o seu trabalho", "Vá ao Brasil e eu terminarei o seu trabalho". Muitas sentiam a energia onipresente da corrente e acreditavam que essa pequena janela no tempo era ao mesmo tempo um momento infinito em outras dimensões, onde a cura das enfermidades e das adversidades já tinha começado.

A certa altura, a Entidade tirou a bengala de uma mulher, jogou-a no chão e lhe disse para andar. Ela continuou a andar mesmo sem a bengala. O amor divino curou as pessoas e lágrimas afloraram espontaneamente nos olhos de muitos, pois o sentimento de gratidão não podia mais ser contido. A fé dessas pessoas em Deus começou a ser restaurada e as suas dúvidas começaram a se dissipar. A maior das curas, a cura do espírito, foi concedida àqueles que queriam recebê-la.

Enquanto estávamos em Atlanta, John Quinones, do programa *Prime Time Live*, filmou uma entrevista com João. A Entidade falou com cortesia e amabilidade, dando certeza ao sr. Quinones da conexão que *ele* tinha com Deus. Quando lhe perguntaram por que viera aos Estados Unidos, e particularmente em Atlanta, a Entidade respondeu que viera porque as pessoas tinham muita fé ali. Viera por causa do amor, e se sentia muito grato por ver que tantas pessoas tinham saído de casa e viajado para vê-la.

O Médium João disse a Quinones, "Não estou aqui para enganar ninguém. Estou aqui porque Deus está aqui. Estamos aqui para receber a energia de Deus, o Sopro de Deus. Eu não tenho religião, mas acredito na fé e no Deus Universal, que é o Amor. Todas os que têm fé e uma religião são meus irmãos, pois nós todos acreditamos num Único Deus, que é o nosso Pai. Eu não prego nenhuma religião, mas defendo o Amor Universal e a crença no criador do Cosmos".

Quando lhe perguntaram por que algumas pessoas são curadas e outras não, a Entidade disse, "Estou aqui para curar, mas só Deus dá a vida".

Durante o intervalo do almoço e à noite, João de Deus e a esposa relaxavam e faziam visitas com amigos. Às vezes, ele se reclinava no sofá da sala de convivência do hotel e caía no sono. Ele gosta de ver televisão, principalmente filmes de faroeste. Depois da sessão matutina, ele descansava por uma hora ou duas e então fazia uma refeição leve, depois de se assegurar de que a equipe tinha se alimentado bem. Então ele descansava um pouco mais, enquanto se preparava para continuar o trabalho.

O último dia das sessões de Atlanta encerrou-se às cinco e meia da tarde, na terça-feira. João de Deus voou para o Brasil logo depois, pois não queria perder um dia de serviço à comunidade, em Abadiânia. Deixou Atlanta às oito horas da noite, na terça-feira, e na quarta-feira, às duas horas da tarde, estava de volta ao trabalho, incorporando as Entidades em Abadiânia.

As Entidades que se apresentaram em Atlanta foram o Dr. José Valdivino, São Francisco Xavier e o Dr. Oswaldo Cruz, que perguntou se algum médico presente gostaria de falar com ele. O Dr. Cruz foi um bacteriologista brilhante. Ele se formou na faculdade de medicina aos 19 anos e estudou no Institute Pasteur, em Paris. A Entidade então conversou com alguns médicos que se apresentaram. (Consulte o Capítulo 9 para obter mais informações sobre o Dr. Oswaldo Cruz.)

Linda Hamilton, uma das participantes do evento em Atlanta, conta a sua experiência:

Eu desenvolvi uma artrite nos quadris na época em que a minha filha nasceu, em 1996. A doença foi aos poucos piorando e eu comecei a andar de muleta uns dois anos atrás. Antes da artrite, eu fui ginasta quando estava no colegial e dançarina, além de adorar patinação no gelo.

Fui ver João de Deus em Atlanta com a minha amiga Anne. Nós nos conhecemos em julho deste ano na Casa, quando estávamos numa jornada de cura com Heather. A primeira vez que fiquei diante da Entidade, na Casa, eu estava assustada. Tinha ouvido falar que às vezes ela fazia curas milagrosas diante do público. Eu não queria que isso acontecesse comigo.

Alguma coisa em mim ainda resistia à cura, mas eu adorei a experiência de ir à Casa e tinha esperança de que seria curada.

Em Atlanta, o meu estado de espírito era outro. Seis meses de ervas e uma cirurgia invisível transformaram a minha alma e melhoraram a minha maneira de encarar a vida. Eu tinha muito mais energia depois da minha primeira visita à Casa, mas ainda sentia dor, tinha inflamações e muita rigidez no joelho e no quadril esquerdo. Ainda precisava da muleta.

Duas semanas antes de viajarmos para Atlanta, recebi uma visita no meio da noite. Por volta das duas da manhã, acordei sabendo que havia uma presença extrafísica comigo. Eu não estava sonhando. Fiquei um pouco alarmada, mas sabia que os visitantes eram as Entidades, embora eu achasse às vezes que era o João. Ele me pediu para ficar com os olhos fechados enquanto eles trabalhavam em mim, entrando no meu corpo pelo quadril direito. Depois dessa experiência, comecei a me concentrar mais na minha energia mental e emocional em Atlanta e na minha cura. Disse a Anne que as Entidades já estavam nos Estados Unidos, nos preparando para o evento.

Viajamos de carro para Atlanta, onde nos encontramos com a minha mãe, de 81 anos, que concordou em ir conosco conhecer o Médium João. Ela não poderia viajar ao Brasil, mas poderia ir a Georgia, onde havia nascido. Eu fiquei muito feliz de saber que ela iria conosco e sabia que isso afetaria a nossa família inteira.

Anne estava na minha frente quando passei pela Entidade, e minha mãe estava atrás. Eu vi Hether servindo de intérprete para ela. Senti um grande amor e gratidão pelo Médium João, pelas Entidades, por Heather e pelos outros guias da Casa, por ter recebido tanto deles. Eu me senti extremamente terna com relação à Entidade. Sussurrei para ela silenciosamente, "Amigo de Deus". Senti que ela era um Amigo de Deus. Eu era uma Amiga de Deus. E Deus é nosso Amigo. Essa maneira de ver as coisas fez toda a diferença. Eu podia e de fato encontrei os olhos de Deus. Amei-o com todo o meu coração. Em troca, a Entidade me olhou de volta e falou com amor e compaixão, "Você precisa mesmo dessa muleta?"

Então eu entendi que não precisava dela, e obedeci à vontade de Deus. "Vou deixar a muleta", eu disse.

A Entidade pegou a muleta e pediu às pessoas sentadas na corrente e àquelas na fila, inclusive a minha mãe, para abrir os olhos e ver o milagre de Deus em ação. Ela me disse para andar pela sala. Eu andei como uma lagosta, claudicando, mas sem sentir dor. Extasiada, eu não compreendia o que estava acontecendo. Senti como se tivesse renascido, vindo ao mundo renovada. Era o meu momento.

A Entidade me pediu para sentar na corrente. Instantes depois, outro homem também sentou na corrente, depois de oferecer as muletas a Deus. A minha mãe e Anne continuaram a receber cirurgia invisível ou uma bênção.

Nunca mais fiquei diante das Entidades em Atlanta. Eu me sentia exausta e excitada. A minha perna às vezes doía tanto que eu não queria andar. Outras vezes, eu me sentia forte o suficiente para andar sem a muleta. Desde que voltei para casa, reformei a minha casa e encaixotei tudo, muitas vezes sozinha. Ainda uso a muleta metade do tempo, mas muitas vezes caminho sem ela, especialmente quando estou reformando a casa. Tenho fé de que me recuperarei completamente, porque Deus é meu Amigo e eu sou Amiga de Deus. Pretendo visitar as Entidades e João de Deus novamente, e agradeço a ele pelos sacrifícios que faz pelo bem da humanidade. Por causa dele, eu sei que Deus está em ação no mundo de hoje.

O Espiritismo e as Entidades

Para ser médium é preciso amar a Deus sobre todas as coisas.
Amar os semelhantes como a si mesmo.
É preciso ter uma fé profunda num poder superior.

– João de Deus

Em nome de Deus! A voz do Médium João ecoa enquanto ele anda pela sala da corrente. Milhares de pessoas de todas as partes do globo se reuniram em preparação para os trabalhos do dia.

Elas estão sentadas em meditação, com os olhos fechados. Com um tremor, o Médium João deixa o corpo e a Entidade incorpora. A consciência de João de Deus, o homem, agora descansa num estado semelhante ao sono, até que o trabalho de cura do dia esteja completo.

Quem são as Entidades que constituem uma parte tão fundamental da missão espiritual do Médium João? O trabalho espiritual feito na Casa se baseia nos princípios do Espiritismo: uma doutrina que investiga com detalhes a relação entre as realidades física e extrafísica. Os seres físicos constituem o mundo físico ou encarnado, enquanto os seres extrafísicos constituem o mundo espiritual. Vistas nesse contexto, as Entidades são espíritos desencarnados extremamente evoluídos que vêm do mundo espiritual para aliviar o sofrimento da humanidade. Essa missão é facilitada graças à disposição do Médium João para oferecer o seu corpo como instrumento dos guias espirituais.

Existe uma hierarquia espiritual na Casa de Dom Inácio. A consciência divina é a força reinante que supervisiona todo o trabalho. Em seguida vem a Entidade conhecida como Rei Salomão e depois Dom Inácio e a sua consciência grupal, chamada de "falange de espíritos". Em seguida vêm as Entidades que foram médicos em encarnações passadas: os doutores Augusto de Almeida, Oswaldo Cruz e José Valdivino. Há também as Entidades anônimas que anunciam, "Salve, Dr. Augusto" quando incorporam. Ou são da falange dele ou são orientadas por ele. Outras dizem pouco ou nada a seu respeito, mas oferecem uma grande dose de amor, orientação e bondade. Uma das Entidades diz que o seu nome é "José" e outra diz que é "Amor". Outra ainda afirma que não é digno nem mesmo de se ajoelhar aos pés de Santo Inácio. Essa Entidade, que se identifica como um membro da falange de Santo Inácio, lembra-nos de que os visitantes da Casa são pessoas afortunadas por terem a chance de estar com Santo Inácio quando ele está incorporado no Médium João. E, embora a missão desses espíritos desencarnados seja nos oferecer a cura, é importante lembrar que os esforços que empreendem contribuem para o seu próprio desenvolvimento nos reinos espirituais.

A seguir, são apresentadas breves descrições das Entidades mais conhecidas que atuam na Casa.

SANTO INÁCIO DE LOYOLA (1491-1556)

Dizem que Dom Inácio de Loyola (também conhecido como *Dom Inácio*) é um santo improvável, com quem podemos nos relacionar com facilidade: um homem que viveu a vida com grande entusiasmo e paixão pela vida da corte, a busca de mulheres requintadas, comida e bebida.

Segundo os historiadores, ele era um homem muito atraente e fútil, de uma teimosia enorme e um temperamento feroz e arrogante. E, no entanto, esse homem, que às vezes enchia-se de ódio por si mesmo e temia que Deus não o amasse por causa dos seus pecados, veio a conhecer o amor e a misericórdia divina. Uma nova vida de humildade, pobreza e caridade inundou-o de paz. Os últimos anos da sua vida foram devotados a inspirar outras pessoas a considerar com seriedade o próprio crescimento espiritual.

Iñigo Lopez de Oñaz y Loyola nasceu em 1491, numa família de nobres bascos, sendo o mais jovem de treze filhos. Ele passou grande parte da juventude com parentes abastados na corte do rei Fernando da Espanha, onde adquiriu o gosto pelas coisas boas da vida. Depois da morte do rei, Iñigo se alistou no exército espanhol. Em 1521, quando as tropas francesas invadiram a cidade de Pamplona, Iñigo e seus compatriotas travaram uma batalha feroz para retomar a cidade. Enquanto defendia a fortaleza de Pamplona, foi gravemente ferido na perna por uma bala de canhão.

A vaidade impeliu Iñigo a se submeter a várias cirurgias dolorosas na esperança de recuperar a perna deformada, mas ele nunca conseguiu se curar completamente e seu destino foi mancar pelo resto da vida. (Quando Santo Inácio incorpora, o Médium João caminha com dificuldade.) A sua convalescença foi longa e dolorosa e Iñigo buscou refúgio nos livros. Depois de ter lido tudo o que havia na biblioteca da família, só lhe restavam duas alternativas: um livro sobre a vida de Cristo e outro sobre a vida dos santos. Histórias de penúria, piedade e serviço a Deus inspiraram Iñigo a reavaliar a própria vida; sonhos cavalheirescos e de heroísmo lhe deixavam frustrado, sentindo-se vazio e deprimido. O arrependimento e o remorso abrasaram a alma de Iñigo e, em 1522 ele viajou ao mosteiro beneditino de Montserrat, para ver a Virgem (la "Morenata"). Essa peregrinação foi diferente das muitas outras, feitas por um cavaleiro valente em busca de bênçãos e proteção para futuras batalhas. No altar da Virgem, Iñigo pousou a sua espada e o seu escudo, confessou os seus pecados e rumou para Manresa. Então Iñigo começou a sua experiência de viver uma vida espiritual: viver de esmolas, fazer longos jejuns e dedicar horas à oração e à penitência.

Iñigo aproveitou essa oportunidade para aprofundar a sua educação e viajar pela Espanha e então para a França, imerso nas obras clássicas da época. Ele estudou na Universidade de Paris, recebeu o diploma de Filosofia e Teologia e assumiu um outro nome: *Inácio de Loyola*. Em suas viagens, teve a oportunidade de contar às outras pessoas sobre as suas experiências espirituais e foi preso muitas vezes devido às suas crenças. No entanto, continuou a perseverar, enfrentando provações e enfermidades e sustentando a sua fé inabalável no plano divino para a humanidade. Os últimos anos da vida ele passou ensinando às pessoas, uma missão que resultou na fundação da ordem conhecida como Companhia de Jesus, em 1540. Ele continuou com a sua missão de suprir as necessidades espirituais e materiais dos desvalidos até a sua morte, em 1556.

Inácio escreveu vários tratados ao longo da vida, motivado pelas suas próprias batalhas espirituais interiores. O tratado *Exercícios Espirituais de Santo Inácio* nasceu do seu desejo de escrever um manual para aqueles que gostariam de viver uma vida em sintonia com Deus. Nele, Inácio oferece uma fórmula precisa de preces, confissões e meditações para a busca e crescimento espirituais ao longo de um período de quatro semanas. Na Casa, durante um período de três dias por semana, constatamos que a premissa básica do tratado de Inácio é posta em prática integralmente, enquanto nos oferecemos ao Divino por meio da meditação e a prece, em prol da busca e do crescimento espirituais. Dom Inácio, patrono da Casa de Dom Inácio de Loyola, nos aconselha:

> *Quanto mais nos unimos a Ele (o nosso Senhor), mais nos dispomos a receber as graças e dádivas da sua bondade divina e suprema.*[15]

---

[15] Santo Inácio de Loyola, *Exercícios Espirituais de Santo Inácio*, 29.

DOM INÁCIO NA CASA

Dom Inácio sempre incorpora no aniversário de sua morte. A energia dele é tão forte que ele limita a sua presença a vinte minutos, para não sobrecarregar o corpo do Médium João com as suas vibrações elevadíssimas. O corpo do Médium João fica muito diferente quando ele incorpora Santo Inácio. É como se a vibração elevada, vasta e expansiva da Entidade comprimisse a parte superior do tronco do Médium João, que parece achar dificuldade para conter tanta luz e energia.

Durante a incorporação de 31 de julho de 2005, Dom Inácio caiu de joelhos diante da cadeira da Entidade, enquanto uma onda de energia visivelmente pulsava através de todos os que o rodeavam. Ele olhou na direção do céu e disse, "Estou sendo alçado a outro nível". O corpo do Médium João estremeceu quando Dom Inácio o deixou e Dr. Augusto tomou seu lugar. Ele explicou que a vibração de Santo Inácio tinha se tornado tão elevada que era difícil para qualquer médium na Terra incorporar o espírito dessa Entidade. O Dr. Augusto então estendeu uma rosa para uma das médiuns da Casa, que tinha vindo à Casa depois que a sua oncologista lhe advertira de que o seu câncer era incurável. O Dr. Augusto disse-lhe que todo ano, durante a celebração do dia de Dom Inácio, ele lhe daria uma rosa em comemoração por outro ano de vida. Agora, diante de todos os presentes, o Dr. Augusto lhe perguntou quantas rosas ela já tinha recebido. Chorando, ela respondeu que aquela era a oitava.

Em 28 de julho de 2006, uma sexta-feira, a Casa celebrou a festa de Santo Inácio.[16] Muitos meses tinham sido necessários para o planejamento das festividades desse dia auspicioso, enquanto os voluntários da Casa preparavam-se para receber os ônibus lotados de brasileiros e a multidão de estrangeiros que vinham reverenciar o santo patrono da Casa.

---

[16] O aniversário de Santo Inácio é, na verdade, 31 de julho, mas a celebração ocorre num dia de trabalho da Casa.

A incorporação da manhã pareceu durar mais do que o habitual. Os médiuns ficaram em silêncio, concentrando as energias no cultivo do espaço interior e oferecendo preces de agradecimento pela presença da Entidade. Quando o espírito de Dom Inácio incorporou no Médium João, Heather notou uma mudança física na aparência de João: os óculos foram removidos e o cabelo caía sobre os olhos. Também havia uma leve diferença na textura do cabelo: um brilho maior, resultante da mudança energética no corpo do Médium. Agora totalmente incorporado, a Entidade falou, *Eu sou aquele que arrasta o pé*. Dom Inácio abraçou silenciosamente aqueles que se aproximaram, pois esse é um costume nesse dia. Quando as pessoas abriam os braços para abraçá-lo, elas ficavam assombradas com a imensa energia que irradiava do corpo de João. A incorporação não durou mais que dez minutos. Depois o Dr. Augusto incorporou, sentou-se na cadeira da Entidade e falou as seguintes palavras:

> *Dom Inácio é a luz que irrompe. Fé e concentração movem a energia que traz a luz. Dom Inácio supervisiona todas as cirurgias que ocorrem na Casa. Supervisiona e protege tudo. Vocês (indicando todos os presentes) fazem um círculo de concentração através da corrente que traz a luz para a prática do bem. Fazer um círculo de luz para a prática do bem é fácil.*

E isso dito e registrado, o dia de cura e celebração continuou.

SÃO FRANCISCO XAVIER (1506-1552)

São Francisco Xavier é muitas vezes denominado o Apóstolo das Índias e do Japão. Homem devoto, dedicado à salvação de almas, ele passou a vida toda viajando a terras distantes e disseminando a palavra de Deus. Os historiadores atribuem o sucesso missionário de São Francisco ao seu tino para os negócios; dizem que demonstrava maneiras gentis e profundo respeito ao instruir "gente simples" nos princípios da fé.

Nasceu no dia 7 de abril de 1506, no castelo de Xavier, numa família da nobreza. A mãe era uma herdeira e o pai, conselheiro do rei de Navarra. Ele mostrou aptidão para ensinar na juventude e estudou no Colégio Santa Bárbara, em Paris. Foi ali que conheceu o colega de quarto Inácio de Loyola e logo compartilhou com ele o sonho de dedicar a vida ao serviço a Deus. Ele ajudou a fundar a Companhia de Jesus. Em 1537, Francisco ordenou-se padre e três anos depois recebeu permissão do rei de Portugal para evangelizar os povos das Índias Orientais.

Ao longo dos dez anos seguintes, São Francisco Xavier fundou missões em regiões da Índia, China e Japão, países que a igreja católica considerava muito perigosos e exóticos. São Francisco apreciava a oportunidade de viajar; tornou-se rapidamente fluente em várias línguas e supria as necessidades de toda gente, tanto ricos quanto pobres. Suportou muitas privações físicas e foi perseguido por causa dos seus comentários francos acerca da exploração dos nativos pelos colonizadores portugueses.

São Francisco morreu numa ilha da China em dezembro de 1552. Depois do sepultamento, o corpo dele foi exumado em três ocasiões distintas e seus restos examinados por vários médicos e clérigos. Esses exames comprovaram o estado preservado do corpo e a notícia rapidamente se espalhou sobre as suas "condições miraculosas". Muitos países reivindicaram junto à Companhia de Jesus a posse do corpo de São Francisco. Em 1614, depois de muitas deliberações, a Companhia de Jesus determinou que a mão direita – usada muitas vezes em cerimônias de batismo, para curar doentes e operar milagres – fosse separada do corpo e enviada a Roma. O braço nunca se decompôs e foi declarado uma relíquia do santo. Os restos do seu corpo mumificado estão numa igreja em Goa.

SÃO FRANCISCO XAVIER NA CASA

Nós nos lembramos de uma notável cirurgia que foi filmada pela equipe da Casa em novembro de 2001, quando São Francisco incorporou durante uma interrupção na energia elétrica. Trabalhando à luz de lanternas, ele realizou muitas cirurgias extraordinárias. Uma mulher do grupo de Heather se queixava de uma forte dor de dente crônica. Xavier perfurou a bochecha da paciente com um instrumento metálico, fez uma pequena incisão na gengiva e uma única sutura. Depois ele removeu o instrumento pontiagudo da bochecha, que não provocou nenhum ferimento ao entrar ou sair; nem uma única gota de sangue foi derramada ao longo de toda a cirurgia. Os vídeos da Casa mostram a paciente em pé, ereta, afirmando calmamente que não sentiu nenhuma dor. Antes de partir, a Entidade estendeu a mão direita e uma médium da Casa identificou-o como São Francisco Xavier.

Numa outra ocasião, São Francisco Xavier incorporou e começou a tirar as muletas de várias pessoas que estavam próximas a ele. Enquanto as muletas caíam com estardalhaço no chão, ele levantou um homem da cadeira de rodas e convidou-o a andar pela sala. Depois disso São Francisco percorreu a fila, dirigindo pessoalmente às pessoas mensagens de cura. Quando se aproximou de Heather, estendeu o braço direito com a palma da mão para cima e perguntou? "Filha, quem sou eu?" As palavras "Francisco Xavier" saltaram-lhe dos lábios. Posteriormente, Xavier contou histórias de curas milagrosas que ele tinha realizado com o braço direito, quando ainda estava no corpo físico.

Em 29 de abril de 2006, uma visitante da Casa anunciou que trazia presentes para a Entidade. O primeiro era uma estátua de Santa Rita, trazida do mosteiro de Cássia. Em seguida ela desembrulhou uma bela pintura de Francisco Xavier, trazida da capela onde estava o corpo do santo, em Roma. Houve uma troca de Entidades e Francisco Xavier se apresentou na sala. Ele gostou muito da pintura e Heather lhe perguntou se a imagem se parecia realmente com ele. Ele sorriu com prazer e disse que de fato se parecia. Ele então perguntou se alguém ali sabia a história do seu braço durante aquela vida. Xavier levantou-se da sua cadeira e apontou para o próprio braço, indicando o local exato onde ele tinha sido cortado, logo abaixo do cotovelo. Ele então agradeceu graciosamente à visitante que trouxera os presentes e pediu que ela pendurasse a pintura na parede atrás da cadeira.

REI SALOMÃO

O Rei Salomão nasceu no século X a.C., décimo filho do rei Davi e de Betsabé. O seu reinado de quarenta anos sobre os israelitas está registrado na Bíblia, em I Reis e II Crônicas. Durante esse período, Salomão empenhouse para expandir as fronteiras do seu reino. O seu maior feito foi construir o Templo Sagrado, um monumento erigido com o intuito de preservar a Arca da Aliança no monte Moriá. O Templo representa um santuário sagrado, onde o povo judeu poderia comungar livremente com Deus em concordância com os rituais religiosos e peregrinações. O Templo foi, portanto, com base em critérios religiosos, políticos e comerciais, visto como o pináculo do sucesso.

Atribui-se a Salomão a autoria dos livros dos Provérbios e dos Eclesiastes. Muitas histórias seculares destacam a sabedoria de Salomão e o seu senso de justiça como regente. Uma das mais famosas histórias descreve duas mulheres que procuraram o rei para que ele desse o seu parecer sobre uma disputa entre elas. As mulheres discutiam por causa de uma criança, pois ambas afirmavam ser a mãe verdadeira. O Rei Salomão determinou que cortassem a criança ao meio e dessem uma metade a cada mulher. Ao ouvir a determinação do Rei, a mãe verdadeira abriu mão dos seus direitos sobre a criança e lhe implorou para que não a matasse. Ao ouvir essas palavras, Salomão entregou-lhe a criança.

Essa referência a Salomão como "o mais sábio de todos os homens" é provavelmente inspirada numa passagem bíblica de I Reis. Deus apareceu a Salomão, aos 20 anos, num sonho, e disse-lhe para pedir o que quisesse como presente ao novo rei de Israel. Salomão pediu um coração inteligente para julgar o seu povo, a que Deus replicou:

Porquanto pediste isso, e não pediste para ti muitos dias, nem riquezas, nem a vida de teus inimigos, mas pediste entendimento para discernires o que é justo, eis que faço segundo as tuas palavras. Eis que te dou um cora-

ção tão sábio e inteligente, que antes de ti igual não houve, e depois de ti igual não se levantará.[17]

Talvez tenha sido esse coração bondoso e inteligente que curou quarenta pessoas naquele dia memorável do Centro Espírita de Cristo, o Redentor, quando o Médium João incorporou pela primeira vez a Entidade de Luz, no final da década de 1950.

SANTA RITA DE CÁSSIA (1381-1457)

Conhecida como a "Santa das Causas Impossíveis", Santa Rita de Cássia é reverenciada por todos aqueles que carregam pesados fardos na vida, mais notadamente as mulheres. A razão disso é o fato de Santa Rita ter sofrido muito em seu papel de esposa, mãe, viúva e, por fim, religiosa – como atestam as suas práticas austeras no convento das augustinianas.

Nascida numa pequena aldeia de Roccaporrena, na Itália, Rita Lotti era a filha única de um casal idoso de católicos praticantes. O único desejo de Rita era servir a Deus. Ela visitou muitas vezes o convento das freiras augustinianas, em Cássia, e esperava um dia entrar para a comunidade religiosa. Os pais dela, no entanto, tinham outros planos para a filha. Providenciaram para que ela se casasse com um homem que, acreditavam, daria à moça uma vida segura e feliz em família. Rita se decepcionou amargamente, mas conformou-se, acreditando que era a vontade de Deus que ela se casasse. Ela assumiu essa união com uma atitude reverente, aceitando de coração os novos deveres de esposa e mãe. Lamentavelmente, o marido se revelou violento e temperamental. Orações e muita paciência encheram os seus dias, enquanto Rita tolerava uma vida difícil.

A morte do marido, assassinado numa briga, trouxe a ela mais pesar: os dois filhos quiseram vingá-lo, embora a mãe lhes aconselhasse a orar e perdoar. Quando viu que os seus conselhos não surtiram efeito, ela rezou a

---

[17] I Reis 3:11-13.

Deus, pedindo a sua intercessão. No período de um ano, os seus dois filhos morreram e Rita passou a dedicar a sua vida a obras de caridade. Voltou ao convento em Cássia, implorando às freiras que a aceitassem. A princípio, as freiras lhe recusaram o pedido. Talvez temessem o escândalo que cercava a morte do marido; talvez se recusassem a violar a regra de que as noviças deviam ser virgens. Contudo, com o tempo, Rita convenceu as freiras a aceitá-la na ordem. Dizem que Rita foi capaz de reconciliar as famílias envolvidas na morte do marido; outra história conta que ela se sentou em frente aos portões do convento em prece. Uma manhã, as freiras encontraram Rita do lado de dentro dos portões e não foram capazes de explicar como ela havia atravessado os portões trancados. Independentemente da história em que se acredita, Rita foi aceita na ordem e lhe tomou o hábito em 1413.

As suas meditações e preces mostravam uma singular devoção ao sofrimento que Jesus passou na cruz. Um dia, enquanto rezava, uma ferida apareceu na testa de Rita, como se fosse causada por uma coroa de espinhos; dizem que esse estigma perdurou durante quinze anos. Nos últimos dias de sua vida, Santa Rita caiu doente e ficou acamada. Dizem que, num inverno, ela pediu a uma parenta que a visitava para lhe trazer uma rosa do jardim. Quando a parenta entrou no jardim de Roccaporrena, surpreendeu-se ao achar uma única rosa numa roseira seca. Para comemorar esse milagre, anualmente, em todas as igrejas da ordem das augustinianas, oferecem-se rosas bentas aos devotos.

Santa Rita de Cássia morreu em 1457 e foi canonizada em 1900. Esse amado ser espiritual, conhecido pelo seu espírito magnânimo, apareceu ao Médium João em Mato Grosso em sua juventude, inspirando-o a dar início a uma vida de serviço a Deus.

DR. BEZERRA DE MENEZES (1831-1900)

O Dr. Bezerra de Menezes nasceu no estado do Ceará, Brasil, em 28 de agosto de 1831. Ele recebeu o diploma de medicina em 1856 e logo depois entrou para a política, carreira que durou quase trinta anos. Foi um membro entusiasmado do Partido Liberal brasileiro. Empreendedor bem-sucedido, construiu a estrada de ferro Macaé-Campos.

Membro do movimento espírita, Bezerra de Menezes e seus amigos e colegas Caibar Schutel e Eurípedes Barsanulfo proclamam as suas convicções de que a morte não existe; é apenas uma transição do mundo material para o espiritual. Em 1894, foi aclamado presidente da Federação Espírita Brasileira. Bezerra de Menezes é conhecido carinhosamente como "o Kardec brasileiro" e "o médico dos pobres".

Bezerra de Menezes foi autor de muitos livros espiritualistas e é uma figura renomada pelas obras de caridade. Ele não tabelava as suas consultas e nunca se recusou a atender ninguém. É citado por dizer, "Um médico que nega auxílio a um necessitado, seja por qualquer motivo, principalmente dinheiro, é negociante da medicina e não merece usar o título 'doutor em medicina'". O Dr. Bezerra de Menezes nasceu numa família abastada, mas morreu na miséria em 12 de abril de 1900, depois de gastar toda a sua fortuna ajudando doentes e necessitados.

DR. AUGUSTO DE ALMEIDA (M. 1908)

Não basta acreditar, é preciso acima de tudo ser
um exemplo de bondade e tolerância.

– Dr. Augusto de Almeida

O Dr. Augusto é uma das Entidades incorporadas com mais freqüência pelo Médium João na Casa de Dom Inácio. Ele conta que teve várias ocupações em suas vidas anteriores; trabalhou no exército, na extração da borracha e formou-se médico. Quando o Dr. Augusto incorpora, a sua personalidade marcante e maneira autoritária são evidenciadas. Ele trabalha de maneira compenetrada e rápida, não gosta de ser interrompido e exige ordem e respeito. Durante a sua vida como médico, testemunhou muito sofrimento, pois ainda não existia a anestesia. Ele comenta que os seus pacientes enfrentavam a dor da cirurgia mordendo um pedaço de madeira ou peças de tecido grosso. Espírito iluminado, ele se dedica a aliviar a dor e o sofrimento. O Dr. Augusto é extremamente bondoso e profundamente amado por todos na Casa.

Em 2004, o Dr. Augusto chamou Martin Mosqueira e Heather de lado e explicou que já fazia 96 anos que ele tinha desencarnado. Disse que, em vida, morou numa pequena comunidade em Jacunda, no estado do Pará, onde trabalhou num projeto de mineralogia com um grupo de europeus. "Então tudo deu errado", ele disse. Pareceu ter perdido a memória por alguns minutos. "Até hoje há uma capelinha ali, mas já foi quase engolida pelas águas." Na Páscoa de 2003, o Dr. Augusto disse que tinha sido elevado a outro nível e era agora o "xerife" desse reino espiritual em particular.

DR. OSWALDO CRUZ (1872-1917)

O Dr. Oswaldo Cruz nasceu no estado de São Paulo, em 5 de agosto de 1872. Iniciou os seus estudos na Faculdade de Medicina do Rio de Janeiro aos 14 anos, formando-se médico cinco anos depois. A sua tese de doutorado foi sobre a vinculação microbiana pelas águas. Em seguida, especializou-se em bacteriologia no Institute Pasteur, na França.

Fundou o Instituto Soroterápico Nacional, agora conhecido como *Instituto Oswaldo Cruz*, que produz vacinas contra a peste bubônica, febre amarela e varíola. O governo brasileiro solicitou ao Institute Pasteur, em Paris, que enviasse um especialista para ajudar a combater essas epidemias. A resposta do Institute foi que o Brasil *já* tinha o melhor especialista na área: o Dr. Oswaldo Cruz. O seu papel foi fundamental no início das campanhas de saneamento pelo Brasil, que conseguiram debelar as epidemias no Rio de Janeiro e em outras cidades, salvando milhares de vidas.

O Dr. Oswaldo Cruz assumiu o cargo de diretor-geral do Serviço de Saúde Pública em 1903. O Dr. Carlos Chagas, um de seus alunos, descobriu o parasita responsável pela doença chamada *doença de Chagas*, cujo nome científico tem o nome de Oswaldo Cruz: *Tripanosoma cruzi*.

Em 1907, no XIV Congresso Internacional de Higiene e Demografia, em Berlim, o Dr. Oswaldo Cruz recebeu uma medalha de ouro pelo seu trabalho de saneamento no Rio de Janeiro. Em 1909, depois de se aposentar como ministro da saúde, ele se concentrou no Instituto de Pesquisa Oswaldo Cruz, em Manguinhos, no Rio de Janeiro, onde promoveu explorações científicas pelo interior do Brasil e colheu informações importantes sobre os povos indígenas. Ele também implantou programas de saneamento em Belém do Pará e na região amazônica.

Sofrendo de insuficiência renal, ele deixou de exercer a medicina e se mudou para Petrópolis, no Rio de Janeiro. Tornou-se prefeito da cidade em 1916. Morreu em 11 de novembro de 1917, com apenas 44 anos.

Como Entidade da Casa, o Dr. Oswaldo Cruz é conhecido por ser franco e sem rodeios em suas interações, embora seja ao mesmo tempo extremamente gentil e bondoso. Tem olhos belíssimos, que parecem irradiar amor incondicional para todos em torno dele. Raramente se anuncia pelo nome, mas é reconhecido pela sua maneira de ser e pelo interesse por doenças virais e de cura difícil. Costuma pedir que os pacientes tirem o relógio de pulso, pois isso perturba a sua corrente.

Heather relata que uma vez o Dr. Oswaldo Cruz pediu que um voluntário o deixasse segurar o relógio que estava usando. Muito orgulhoso do relógio importado, o homem rapidamente o tirou e o passou para a Entidade. Mais tarde naquele mesmo dia, percebeu que o relógio havia parado. Ele o levou ao relojoeiro, para que trocasse a bateria. Quando o relógio foi aberto, o homem descobriu que os mecanismos estavam todos retorcidos. Meses depois, o Dr. Oswaldo Cruz chamou o voluntário e perguntou se ele ainda tinha o relógio. O homem respondeu que sim, na esperança de que a Entidade pedisse para segurá-lo e talvez consertá-lo. O Dr. Oswaldo Cruz sorriu e perguntou ao homem se ele se desfaria do objeto. O homem concordou. O Dr. Oswaldo Cruz segurou o relógio brevemente na mão e deu-o a outra pessoa. O relógio começou então a funcionar.

Numa outra ocasião, atendendo a pessoas no sul do Brasil, a Entidade Dr. Oswaldo Cruz recomendou a um homem de poucas posses que fosse à Casa para prosseguir com o tratamento. O homem explicou que não tinha dinheiro suficiente. A Entidade então tirou o relógio do Médium João do pulso e deu-o ao homem, dizendo, "Venda isso e você terá mais do que suficiente para viajar até a Casa".

O DR. JOSÉ VALDIVINO

Existe uma fotografia na sala de cirurgias da Casa retratando a Entidade Dr. José Valdivino numa incorporação tão absoluta que o corpo do Médium João está quase completamente ofuscado pela Entidade. Sabe-se muito pouco sobre o Dr. Valdivino, que quando interpelado diz simplesmente que foi um "protetor das famílias".

O Médium João acredita que o Dr. Valdivino era juiz numa das suas encarnações. Ele é extremamente gentil, compassivo e amoroso, e tem uma energia especialmente poderosa para curar paraplégicos. Com um toque da sua mão e um comando para que a pessoa ande ou mova um membro paralisado, muitas curas milagrosas têm ocorrido.

ANDRÉ LUIZ

André Luiz foi um médico que clinicou no início do século XX, no Rio de Janeiro. Esse espírito desencarnado é conhecido pelas suas valiosas considerações acerca da vida após a morte. Os seus relatos mais notáveis foram psicografados pelo médium Francisco Cândido Xavier. O seu primeiro livro é um relato de experiências pessoais intitulado *Nosso Lar: A Vida no Mundo Espiritual*, a primeira narrativa detalhada sobre a vida no mundo espiritual, em que o autor faz observações sobre a vida, sobre as suas experiências após a morte e suas lutas para mudar as suas crenças com respeito à natureza da morte. A sua parceria com Chico Xavier continuou durante esse período. André Luiz conta muitas das suas atitudes e descobertas nessa obra. No seu segundo livro, *E a Vida Continua...*, ele faz comentários sobre o significado do amor e da amizade e os vários papéis que eles desempenham no nosso crescimento espiritual.

IRMÃ SHEILA

A Irmã Sheila foi enfermeira durante a Segunda Guerra Mundial. Nasceu na Alemanha e ajudou incansavelmente as vítimas da guerra durante essa época. Ela morreu num ataque aéreo no final da guerra. Alguns médiuns afirmam que, quando a Entidade ou espírito da Irmã Sheila está na Casa, pode-se sentir no ar um forte aroma de rosas.

EURÍPEDES BARSANULFO (1880-1918)

Eurípedes nasceu e morou a vida inteira na cidadezinha de Sacramento, em Minas Gerais. Ele foi político, jornalista e educador. Eurípedes logo ficou conhecido pela sua bondade e dedicação como professor. Também foi um dos fundadores da escola primária e secundária da sua cidade natal.

Ele nasceu numa família católica, mas ficou fascinado com os escritos e ensinamentos de Allan Kardec. Dirigiu um Centro Espírita durante doze anos e então fundou o renomado Colégio Allan Kardec, em 1907. As suas faculdades mediúnicas e de cura foram conhecidas internacionalmente. Eurípedes foi um devotado seguidor dos ensinamentos e princípios de Jesus e dedicou a sua vida a ajudar o próximo. Trabalhou incansavelmente durante a epidemia de gripe espanhola, ajudando milhares de pessoas.

Exausto e debilitado pelo esforço despendido, morreu em 18 de novembro de 1918, aos 38 anos.

FRANCISCO CÂNDIDO XAVIER (1910-2002)

Francisco Cândido Xavier nasceu na cidade de Pedro Leopoldo, no estado de Minas Gerais, no dia 2 de abril de 1910. Carinhosamente chamado de Chico Xavier, no Brasil todo e na América Latina, ele é um dos mais prolíficos escritores do século XX do movimento espírita kardecista brasileiro. Famoso pelas suas notáveis faculdades paranormais, notabilizando-se principalmente pela técnica conhecida como psicografia, na qual o médium canaliza um espírito na intenção de escrever um livro baseado no conhecimento transmitido pelo espírito. Ainda não ficou claro se Chico é um dos espíritos que incorporam o Médium João na Casa. Ele era mentor e grande amigo do Médium João.

Chico Xavier canalizou mais de quatrocentos livros sobre os mais variados assuntos. Destaca-se pelas obras que produziu com a colaboração de dois dos seus guias: Emmanuel, um ser elevadíssimo que compartilha a sua visão de uma nova forma de Cristianismo, e André Luiz, um médico e poeta que fazia comentários sobre a vida após a morte. Os seus livros venderam mais de 25 milhões de exemplares e todos os lucros foram revertidos para obras de caridade. Além do seu trabalho como médium, Chico Xavier dedicou a vida a Jesus, foi um humanista incansável e devotou suas faculdades mediúnicas à tarefa de assegurar às pessoas de que a vida continua após a morte.

Chico Xavier previu que a data do seu desencarne seria um "dia de celebração" para o Brasil. Chico morreu em 30 de junho de 2002, aos 92 anos. Nesse mesmo dia o Brasil foi pentacampeão da Copa do Mundo de futebol. De fato, o país inteiro estava num dia de celebração. O Brasil ainda chora a perda do seu amado Chico. Durante o velório de dois dias, estima-se que aproximadamente 2.500 pessoas por hora tenham prestado as suas últimas homenagens, formando uma grande fila onde o corpo estava sendo velado. Entre eles estavam líderes brasileiros, islâmicos, judeus e cristãos do mundo todo. Os livros de Chico Xavier são ricos e iluminados, e muito úteis caso você pretenda visitar a Casa.

EMMANUEL

O ser iluminado conhecido como Emmanuel foi guia espiritual e mentor de Chico Xavier. De acordo com Chico, Emmanuel foi o Senador Publius Sentulus durante o Império Romano. Outras das suas muitas encarnações foi em Portugal, em 1517, como Manuel de Nóbrega, um importante líder do movimento jesuíta. Nóbrega foi enviado para converter os índios do Brasil e para criar colégios e escolas. Ele foi uma figura proeminente na história do Brasil com relação à fundação da cidade de São Paulo. Emmanuel também relatou a Chico que foi professor da Sorbonne. É provável que ele seja uma das Entidades que incorpora por intermédio do Médium João.

Quando Emmanuel apareceu pela primeira vez a Chico, preparando-o para a sua missão, perguntou-lhe se ele estava pronto para a tarefa. A resposta de Chico foi afirmativa. Emmanuel prometeu nunca abandoná-lo e deu a Chico três regras para que ele seguisse em sua missão espiritual:

1. Disciplina
2. Disciplina
3. Disciplina

ESPIRITISMO

O Espiritualismo e o Espiritismo defendem ambos a crença de que a comunicação com desencarnados é possível. Os espíritas fazem contato por intermédio dos médiuns, que se comunicam diretamente com esses espíritos para receber mensagens, orientações, amparo e ensinamentos. O espiritualismo não segue uma doutrina, em particular. O Espiritismo é uma coleção de princípios e lições recebidas diretamente de espíritos altamente evoluídos, como Jesus. Esses ensinamentos abrangem a filosofia e a prática do Espiritismo, chamada de *Doutrina Espírita*.

ALLAN KARDEC (1804-1896)

Nascer, morrer e renascer ainda e progredir sem cessar.

— Allan Kardec

Allan Kardec nasceu em Lyon, na França, em 1804, batizado como Hippolyte Léon Denizard Rivail. Homem instruído, desde jovem mostrou propensão para o estudo das ciências, da medicina e dos clássicos. Em meados de 1800, passou a se interessar pelo fenômeno sobrenatural da comunicação dos espíritos: a suposta capacidade dos espíritos de comunicar a sua presença fisicamente. Fascinado pelo assunto, Kardec fez uma relação de perguntas e começou a trabalhar com médiuns e canalizadores renomados na tentativa de registrar cientificamente esses fenômenos. Por volta de 1857, os seus achados científicos foram publicados em francês sob o título *Le Livre des Esprits* [O Livro dos Espíritos]. Esse tratado foi a primeira tentativa de Kardec de oferecer uma explicação precisa do relacionamento entre os mundos espiritual e material.

Existem aqueles que sustentam uma visão dualística do mundo, argumentando que a realidade física é o domínio da ciência e todo resto pertence à religião. O Espiritismo busca fazer uma ponte sobre esse abismo, oferecendo uma perspectiva única sobre a interligação de ambos os domínios. Kardec acreditava que todas as instituições abalizadas, a ciência e a religião organizada não eram capazes de fazer estudos objetivos dos fenômenos paranormais porque estavam presos demais ao dogma. A intenção dele era entender o relacionamento *entre* os mundo físico e extrafísico, baseando-se meramente no discernimento espiritual. Começando pela premissa de que a alma é eterna, as suas pesquisas almejavam esclarecer o estado da alma ao longo de cada encarnação. Essa pesquisa formou a base da doutrina espírita, que aderiu à crença de que só a comunicação direta com o mundo espiritual proporciona respostas objetivas para a questão sobre como viver a vida de acordo com a moral e a ética. O conjunto completo de princípios está descrito na série de cinco livros e oferece idéias valiosas sobre o propósito e significado da nossa vida.[18]

A doutrina espírita trata, basicamente, da existência da alma e do seu estado após a morte. Ela começa com a premissa de que uma Entidade, ou espírito, é uma força inteligente com vontade própria. A comunicação direta com esses espíritos é conduzida com o propósito singular de impulsionar o nosso progresso espiritual individual e coletivo. Como *prática*, a doutrina oferece um conjunto preciso de instrumentos e diretrizes que podemos usar para dar testemunho dessas comunicações ou para empreender comunicações seguras e frutíferas com esses espíritos. O objetivo daqueles que se dedicam a tais comunicações (médiuns) é empregar suas faculdades mediúnicas de maneira direta e proveitosa.

O arcabouço *filosófico* da doutrina compreende os ensinamentos verdadeiros dos espíritos. Assim como nós, esses espíritos empreendem uma jornada para reinos de consciência mais elevados e puros. Por causa disso, eles voluntariamente nos oferecem as lições que aprenderam e cujo objetivo é, em última análise, esclarecer a relação entre Deus e nós mesmos. Essa relação costuma ser chamada de *vácuo* ou *lacuna*, na doutrina espírita. Citando Kardec:

> *É a doutrina espírita que preenche essa lacuna. Mostra-nos que todas as coisas estão ligadas, como anéis de uma cadeia; que seres de todas as or-*

---

[18] Ver Bibliografia e leituras recomendadas, na pág. 229, que trazem os livros de Allan Kardec.

dens, preenchem o vácuo entre Deus e nós mesmos; e que esses seres são espíritos como nós, em diferentes pontos da senda do progresso.[19]

Para aqueles de nós que viajam para Abadiânia, esse vácuo é preenchido pelas Entidades amorosas e compassivas da Casa de Dom Inácio de Loyola. O Médium João, que dedica a vida ao serviço espiritual, é o veículo por meio do qual a cura é dada e recebida – por todos nós, independentemente de quanto já tenhamos avançado em nossa jornada espiritual.

---

[19] Allan Kardec, *O Livro dos Espíritos*, 31.

Curas milagrosas

A cura requer: Paciência, Perseverança, Persistência e Fé.

– Dr. Augusto de Almeida

Num intervalo de doze meses, mais de cem testemunhos foram colhidos para este livro. As histórias foram contadas por pessoas que conhecemos pessoalmente e que foram atendidas pela Casa, ou por pessoas que as Entidades nos recomendaram. Gostaríamos que fosse possível incluir todas elas, mas simplesmente não há espaço para tanto. Somos gratas a todos que se dispuseram a nos contar as suas notáveis experiências de cura. Recontá-las a você, leitor, exatamente como elas nos foram transmitidas, é para nós uma honra e um privilégio.

▲

UM CHAMADO PARA A CURA
Dr. Phillip C. Bechtel

Sou neurocirurgião e exerço a profissão há mais de trinta anos em Fort Worth, Texas (EUA); também tenho interesse por tratamentos alternativos e estou sempre procurando combiná-los ou buscar os padrões de cura básicos com relação à prática médica padrão. Eu acabei me sentindo atraído pela América do Sul e, por fim, ouvi falar do homem chamado *João de Deus*. A minha primeira viagem foi em fevereiro de 2002, quando viajei com uma guia oficial da Casa, Heather Cumming. Nos dois anos seguintes, fui ao Brasil onze vezes.

Na época da minha primeira visita à Casa, eu observei João de Deus fazendo incisões nas pessoas, raspando os olhos e colocando tesouras dentro do nariz delas, sem provocar dor significativa, sangramento abundante ou sinal de infecção. Isso me obrigou a perguntar, "Como isso é possível?" Foi fazendo essa pergunta que a minha mente se abriu para a possibilidade de que poderia haver muito mais do que simplesmente algumas práticas bizarras.

Durante a minha primeira semana na Casa, solicitaram-me que eu ficasse diante da Entidade e, de olhos fechados, respondesse que cheiro eu sentia. Inicialmente, achei que fosse algum tipo de perfume, mas por fim falei sem pensar "rosas". Assim, a Entidade me indicou que me ensinaria a fazer essas cirurgias. Ela me orientou a trazer uma caneta prateada ou dourada. Quando fiz isso, ela segurou a caneta por um minuto e então passou-a para mim, dizendo que a tinha energizado. Também me disse que eu deveria usar a caneta em meu trabalho, mas apenas nos casos mais difíceis.

Eu não tinha idéia de como usar a caneta ou a energia. Resolvi que a caneta eu usaria quando me sentisse apreensivo com relação a um caso em particular. Comecei a comentar com alguns dos meus pacientes a respeito de João de Deus e da caneta que ele me dera. Perguntava-lhes se gostariam que eu a usasse. Nenhum deles se recusou. Então eu simplesmente me sentava com o paciente na sala de espera, antes da cirurgia, segurava a caneta numa mão e colocava a outra mão sobre a área onde eu deveria fazer a cirurgia. A energia sempre parecia fluir e passar da minha mão para o paciente. Depois de algum tempo, eu parava e voltava a seguir os procedimentos normais com relação à cirurgia. Nunca usei essa técnica como uma alternativa aos procedimentos médicos padrão. Usei-a apenas para complementá-los. Já usei a caneta muitas vezes, talvez umas oitocentas.

Cada vez que eu viajava ao Brasil, era orientado a me sentar na sala da corrente, onde eu recebia energia. Às vezes, eu era designado a trabalhar com uma determinada pessoa. A primeira vez foi com uma francesa quadriplégica, com esclerose múltipla. Disseram-me para colocar a mão sobre a nuca dessa mulher e sentar-me ao lado dela durante duas horas. A Entidade afirmou que, a certa altura, algo "viria até mim". Ela também me avisou que talvez eu perdesse a consciência. Por isso, um outro médium ficaria atrás de mim para me segurar caso eu caísse. Dá para imaginar que isso me pareceu meio constrangedor e eu fiquei um pouco assustado. No entanto, eu me aproximei da mulher e segui as orientações da Entidade.

Algo de fato veio até mim em torno de uma hora e quinze minutos depois de eu me sentar. Era uma energia que eu já tinha sentido antes em outro lugar, quando participei de um ritual de cura dos nativos norte-americanos usando uma máscara. Com isso eu entendi que a energia de cura das Entidades é transcultural. Antes de eu partir, depois desse episódio com a francesa, João de Deus me disse, "Agora que você sabe o que é energia, trabalhe com ela".

Além das minhas viagens ao Brasil, já houve inúmeras ocasiões em que senti o trabalho quando já estava de volta à minha casa, no Texas, normalmente durante a noite. Durante um longo período, tive uma série de sonhos em que eu conversava com João de Deus. Ele me fazia perguntas e eu respondia. Eu então acordava e passava uma hora ou mais cheio de energia e depois voltava a dormir. Numa ocasião, acordei com uma dor forte numa das pernas. A dor era tão forte que era quase insuportável. Eu me perguntei, *Será que estão fazendo algum trabalho em mim?* Nesse mesmo instante, a dor começou a ceder. Isso aconteceu umas três ou quatro vezes. Eu acho que o meu corpo estava sendo fisicamente modificado para poder conduzir mais energia. Ao longo do tempo, fui conseguindo tolerar mais e mais energia sem os efeitos colaterais, a não ser uma dificuldade passageira para me concentrar e uma falta de jeito que durava de quinze a vinte minutos.

Na época da minha última viagem ao Brasil, foi como se as Entidades tivessem terminado o trabalho comigo – pelo menos em termos das minhas visitas à Casa. Elas agiram como se eu não existisse, e não me deram mais nenhuma instrução. Então me veio a intuição de que eu já tinha concluído o trabalho espiritual que estava fazendo no Brasil. Já se passaram dois anos desde então. Uma vez perguntei a João de Deus, "Quando devo voltar?" e ele respondeu, "Sempre que pensar". Muitas das respostas que ele me dava tinham duplo sentido e nesse caso percebi que talvez a mensagem por trás fosse que eu sempre poderia voltar ao Brasil simplesmente pensando nele.

Na mesma época em que parei de ir ao Brasil, parei de usar a caneta. Com certa apreensão, eu a coloquei num estojo de couro e deixei-a lá; com exceção de algumas ocasiões em que olho para ela e me lembro de usá-la. Comecei a trabalhar usando apenas as mãos, em conjunto com a caneta. Cheguei à conclusão de que a caneta era como as rodinhas de apoio de uma bicicleta, que são muito úteis quando estamos aprendendo. A certa altura, as rodinhas são tiradas e você descobre que ainda consegue se equilibrar e tem muito mais mobilidade. Esse foi o caso da energia e das minhas mãos. Eu continuei com o meu trabalho e a energia continuou a fluir sempre que eu estava numa situação em que ela era necessária. Percebo o tempo todo um fluxo contínuo mas menos intenso de energia, mas quando eu a invoco com uma prece ela sempre vem. Só numa ocasião isso não aconteceu. Nessa época eu estava trabalhando com uma senhora que estava morrendo e a energia simplesmente não veio. Tomei isso como uma indicação de que não deveria haver nenhuma interferência com relação ao que estava acontecendo; não significava uma falha no trabalho que eu estava fazendo.

Eu faço esse trabalho de maneira muito simples: seguro a mão do paciente, junto os joelhos e uso água e uma vela pequena. Faço uma prece pedindo a Deus para pôr as mãos dele sobre as minhas, de modo que, ao tocar o paciente com as minhas mãos, ele seja na verdade tocado pelas mãos de Deus. Quando faço essa prece, a energia imediatamente vem. Ela flui durante um certo tempo, geralmente vinte ou trinta minutos, e depois pára abruptamente sem nenhuma interferência da minha parte.

Eu não sei o que é essa energia ou como ela funciona. Disseram-me na sala da corrente que eu não preciso saber e essa resposta bastou para mim. Noto que a energia parece estabelecer uma vibração receptiva na pessoa cuja mão estou segurando. Isso me faz indagar se eu não estou desencadeando uma força dentro do paciente que gera a cura. Cheguei à conclusão de que o meu trabalho é simplesmente ficar fora do caminho e servir como um condutor dessa energia, ou força. Acredito piamente que a fonte de onde parte essa energia sabe muito mais do que eu o que fazer, aonde ir e como ajudar a pessoa com quem estou trabalhando. Por isso eu não tento direcionar ou controlar a energia nem a sua função dentro do paciente.

Embora a maioria dos meus trabalhos seja realizada em contato direto com a outra pessoa, há casos em que eu trabalho com as pessoas a distância, exatamente da mesma maneira. Elas relatam que esse trabalho a distância se equipara à experiência física do trabalho direto e às vezes a supera. Eu fiz esse tipo de trabalho em lugares tão distantes quanto Brasil, Costa Rica, Califórnia, Washington, Canadá e Novo México.

Trabalho principalmente com pessoas que têm câncer, mas não posso afirmar que houve uma cura. Houve uma diminuição substancial da dor e acredito que a sobrevida desses pacientes tenha sido maior, com certeza nos casos de tumores malignos no cérebro, mas todos eles acabaram perecendo. O mais incrível para mim é a ligação que eu estabeleço com os meus pacientes fazendo esse trabalho. Trata-se de uma das coisas mais profundamente íntimas e humanas que já fiz.

Acho importante frisar que esse trabalho pouco tem a ver com o agente de cura. João de Deus sempre diz que ele é simplesmente um homem e que é Deus quem cura. É uma tendência natural das pessoas doentes projetarem no curador uma parte delas que está extremamente necessitada. Eu só posso ser grato pelas experiências que tive no Brasil e pela conexão que elas me deram com os meus pacientes aqui neste país. João de Deus faz um grandioso serviço pela humanidade na Casa.

Contudo, o ponto alto do trabalho dele não diz respeito a João de Deus, mas à energia, à força, aos espíritos, ao inconsciente coletivo, ou a Deus por trás de tudo isso. Isso é o que realmente está em ação ali e, de alguma maneira, abre a nossa consciência para o que é possível. Acredito que só estamos limitados pela nossa imaginação.

▲

INTERVENÇÃO DIVINA
Marcelene da Silva Oliveira

Em setembro de 2003, Marcelene da Silva Oliveira sentia que não tinha outra opção senão amputar o seu braço deformado. Dois anos antes, os seus tumores cancerosos tinham sido removidos, mas os cortes não haviam cicatrizado. A ferida aberta exalava um cheiro desagradável e a carne começava a se putrefazer. O braço ficava apoiado na cintura, flácido e paralisado. Na cirurgia anterior, o tendão tinha sido removido e o braço não tinha mais movimento.

No início de outubro de 2003, Sebastião pediu a Heather para traduzir a história de Marcelene. Um mês antes, ele tinha fotografado o braço dela. Mal pôde acreditar em seus olhos quando viu a extensão da cura que fora realizada. As feridas estavam quase cicatrizadas e tecido saudável estava se formando. Quando a história de Marcelene estava pela metade, Sebastião mostrou uma fotografia e todos ficaram pasmos ao contemplar a imagem vívida da carne pútrida.

Marcelene conta a sua história:
Quando os médicos me disseram que as protuberâncias no meu braço eram dois tumores de grande malignidade e que se a doença fosse para o cérebro eu poderia morrer, dei a permissão para a cirurgia. Para extirpar o câncer, eles tiveram de cortar o nervo e o tendão da minha mão. Desde a

operação, dois anos atrás, o meu braço está sem movimento. Não consigo levantar nem abaixar. As feridas, como você pode ver na foto, estavam abertas e mal-cheirosas, e tinham uma largura de quase três centímetros. Eu tinha muita dor e estava deprimida. Os médicos me diziam que a única solução seria amputar o braço para prevenir uma futura infecção. A cirurgia foi marcada para a manhã da segunda-feira seguinte.

Na sexta-feira, uma amiga que trabalhava na Casa insistiu para que eu fosse ver João de Deus antes de amputar o braço. Eu morava a apenas duas horas daqui, mas não conhecia João de Deus nem os espíritos generosos daqui. Nós não tínhamos muito dinheiro para viajar e sair de casa, mas o meu irmão veio imediatamente e me trouxe à Casa.

Heather continua:
Toda a equipe da Casa ficou impressionada com a recuperação de Marcelene em apenas trinta dias. Esse é um testemunho fortíssimo do poder de uma visita à Entidade e ao poder de cura das ervas. Foi uma renovação da fé para todos nós, e pudemos sentir a energia elevada e a empolgação durante todo o dia.

Marcelene pediu-me para levá-la até a Entidade; ela era tímida, mas queria muito reverenciá-la e agradecer. Diante dela, Marcelene mostrou os braços e o resultado miraculoso do trabalho, em que só tomou as ervas. Ela sorriu com o bondoso entendimento que alcança os recônditos mais profundos do nosso coração. "Na operação desta tarde, farei o seu trabalho. E você tem um problema aqui." Ele passou por Marcelene e massageou momentaneamente o irmão dela, na região do fígado. "O seu fígado. Eu farei o seu trabalho hoje e então você deve ir ao médico da Terra para terminar o tratamento." Dirigimo-nos para a sala de cirurgias. O irmão dela estava pálido. Ele tinha marcado uma tomografia no fígado e já tinha uma operação marcada para tirar a vesícula biliar.

Eu esperei por Marcelene enquanto fazia a cirurgia e então os acompanhei até o carro. Karen pegou a filmadora e Marcelene começou a contar a sua história. De repente ela percebeu que estava tocando a boca com a mão esquerda, paralisada havia dois anos! "Meu Deus! O meu braço e a minha mão estão se mexendo!", ela exclamou aos prantos. Os movimentos eram lentos e rígidos, mas uma semana depois, quando ela voltou para a revisão da cirurgia, os movimentos já eram completos e fluidos em toda a região. Marcelene estava encantada com o fato de o seu braço responder e se movimentar sem o tendão e com o nervo lesionado. Ela voltou à Casa um mês depois para cura. Era dia de trabalho para o irmão, taxista. Marcelene não podia trabalhar e não tinha condições de vir à Casa regularmente. O nosso compromisso com ela é garantir que tenha fundos para o transporte até a Casa, de modo que possa fazer visitas regulares e continuar o tratamento. Ela é dedicada à Casa e sempre traz a família e os amigos necessitados de ajuda. Marcelene é corajosa, gentil e tem uma fé inacreditável. Ela nos faz ter mais fé ainda com os seus poderosos testemunhos.

"Eu voltei para agradecer e para trazer o meu tio, a minha prima e a minha sobrinha", diz ela. "O meu tio tem o mesmo tipo de tumores no braço. Agora eles estão sendo todos removidos pelas Entidades. Não levou mais do que alguns minutos; não teve hemorragia e eles parecem uns meros arranhões quando comparados com as cicatrizes profundas que eu tinha. A hérnia dele ainda está saliente, mas não sente dor. A minha sobrinha tinha ataques epilépticos freqüentes, mas agora ela está bem, depois de uma única visita. A minha prima tem um problema de estômago e está se sentindo melhor. Não há como agradecer o suficiente pelo Amor Divino que existe aqui. Eu voltarei quantas vezes for possível para me sentar na corrente e rezar por todos aqueles que vêm aqui para serem curados."

▲

ADEUS ÀS TIPÓIAS E ADEUS AOS CATETERES
Ana Lúcia

Ana Lúcia nasceu em 1985 com espinha bífida e luxação nos quadris. Desde o nascimento, as pernas dela se estendiam acima da cabeça e tocavam as orelhas. Ela não conseguia baixá-las ou esticá-las como uma criança normal. Os médicos demoraram um mês e meio para estirá-las. Até a idade de 4 anos, Ana Lúcia teve de passar por oito cirurgias.

Ana Lúcia conta a sua história:
Eu não sei por que algumas crianças nascem com essa doença, mas eu tive sorte de não ter tido hidrocefalia, apenas a falta de um nervo para a bexiga, o que impede a função urinária normal. A minha família ouviu falar da Casa de Dom Inácio quando eu tinha 9 anos. No primeiro ano, eu não podia fazer a longa viagem até Abadiânia, então um amigo trouxe a minha foto para as Entidades. Eu recebi remédios de ervas, que tomava religiosamente. Foi assim que as Entidades me trataram sem a minha presença física.

Quando eu tinha 10 anos, as Entidades recomendaram que eu viesse à Casa. Eu vim com a minha família. Eu tinha dois grandes aparelhos nas pernas que chegavam até os quadris. Eu costumava andar de muletas e usava fralda. Quando fiquei diante da Entidade, não pedi para ser curada, mas disse a ela que não podia voltar a cada quarenta dias porque eu morava longe, no sul do Brasil. A Entidade respondeu, "Minha filha, você pode vir a cada três meses, e se eu não curar você vou fechar esta Casa".

Nos dois anos seguintes, viajei 38 horas de ônibus para ver a Entidade a cada três meses. Ele me prescrevia ervas e eu voltava para casa. Nunca me disse nada. Eu seguia o protocolo religiosamente. Depois de dois anos, perguntei a ele quando a minha bexiga funcionaria normalmente. Segundo o Dr. Augusto, quando fosse seguro retirar a sonda e o cateter, ele me diria e eu estaria pronta. Dois dias depois, fui embora de ônibus. Eu estava com infecção urinária e, depois de remover o cateter para trocá-lo, não consegui recolocá-lo no lugar por causa da infecção. Eu fiquei sem urinar, até mesmo na fralda, durante 27 horas. Quando cheguei em casa, de repente senti vontade de ir ao banheiro e urinei normalmente pela primeira vez sem o cateter. Os médicos disseram que eu não podia viver definitivamente sem o cateter, porque existia a possibilidade de ocorrer um refluxo da urina, o que prejudicaria muito os meus rins. Telefonei para Sebastião, na Casa, e contei sobre o meu dilema. Ele procurou o Dr. Augusto, que disse que me ajudaria. Eu decidi não usar mais o cateter, pois me sentia preparada do ponto de vista físico e espiritual. Eu estava perfeitamente ciente de que era a única responsável pela minha decisão.

Quatro meses depois, em 1999, voltei à Casa durante as férias escolares de verão, que duravam três meses. O Dr. Augusto pediu que eu subisse no palquinho e desse o meu testemunho. Então ele chamou um médico da sala da corrente para testemunhá-lo retirando as minhas muletas e jogando-as no chão com um floreio. O Dr. Augusto então mandou que eu andasse. Eu dei alguns passou e caí, porque estava acostumada com as duas muletas. Ele mandou que eu levantasse. Disse que eu conseguiria e que ninguém devia me ajudar porque eu tinha recebido energia de cura. Desse momento em diante, comecei a andar sem muletas e sem os dois grandes aparelhos nas pernas.

Em janeiro de 2002, fiz uma bateria completa de exames e os resultados foram excelentes. Finalmente os aparelhos grandes e incômodos foram retirados e substituídos por outros, menores. Eufórica, voltei à Casa e levei os aparelhos grandes para a Entidade numa sexta-feira. Na quarta-feira seguinte, eu mesma removi os dois aparelhos pequenos, ao perceber que não precisava mais deles. Doei-os à Casa. A minha bexiga está completamente curada: nada de fraldas ou cateteres. Eu ainda ando com muletas pequenas, mas movimento as pernas livremente. Veja, agora consigo até andar de bicicleta. (Ana Lúcia montou em sua bicicleta e pedalou na direção do seu hotel, acenando e rindo deliciada.)

Na época desta entrevista, em 2003, Ana Lúcia tinha 19 anos e havia acabado de entrar no colegial. Agora o seu maior objetivo é andar sem muletas.

▲

PROTEÇÃO DO PAI
Tião Passarinho

No final de uma sessão da tarde de fevereiro de 2005, Sebastião estava ansioso para apresentar Heather ao seu xará. Ele queria que ela ouvisse a história de Sebastião Pereira dos Santos, conhecido como Tião Passarinho. "Primeiro mostre a ela as cicatrizes dos tiros", ele pediu. "Depois lhe conte a sua história." Tião levantou a camisa e as cicatrizes dos tiros ficaram completamente visíveis – uma um pouco acima do coração, outra na região do fígado, outra do lado direito, na altura das costelas, e a quarta no estômago.

Tião Passarinho começa:

Em 14 de outubro de 1994, eu estava trazendo o meu filho da escola para casa, no começo da tarde. Nunca esquecerei aquele dia. Eu estava estacionando o carro quando outro carro brecou na minha frente e o motorista saiu e começou a gritar para mim. O meu filho estava sentado no banco do passageiro, ao meu lado. Eu não saí do carro, porque temi pelas nossas vidas. Notei outro homem, de camiseta amarelo-vivo e calças marrons, parado ao lado do carro. Ele estava do lado do passageiro. Achei que estava na companhia do homem enfurecido. O motorista do carro estava a um metro de mim, aproximadamente. Tinha uma arma na mão e disparou cinco tiros. Quatro deles me atingiram – as cicatrizes que você viu são dos tiros que ele me deu. Uma bala se alojou na lataria do carro. Fui às pressas para o hospital e fiquei internado durante 17 dias. Tenho sorte de estar vivo. Fui à Casa tão logo fui liberado.

Sebastião conta:

Agora ouça isto. Eu estava no palco com a Entidade quando ele foi operado. A Entidade se voltou para mim e disse, "Vá e traga o filho, aquele que é seu amigo e xará. Ele acabou de chegar". Quando cruzei o Salão das Preces, pressenti a quem a Entidade se referia, mas não fazia idéia de que Tião estava na Casa. Eu não sabia nada sobre os tiros e a hospitalização. Encontrei-o parado do lado de fora do salão e levei-o até a Entidade. A Entidade Dr. Oswaldo Cruz colocou a mão no ombro de Tião e disse, "Filho, você se lembra do dia que levou os tiros? Havia um homem em pé ao lado do carro, usando camiseta amarela e calças marrons. Era eu, o Dr. Oswaldo Cruz".

Tião continua:

Estou vivo porque o Dr. Oswaldo Cruz evitou que as balas penetrassem fundo no meu corpo. Imagine cinco tiros à distância de um metro. A Entidade me protegeu. Devo a minha vida a ela. Disso estou convencido.

Vim à Casa pela primeira vez em 1980, porque o meu pai tinha dores de cabeça muito fortes. A dor era tão intensa e contínua que ele ficou internado na Santa Casa da Misericórdia sob observação. Os médicos fizeram exames durante 23 dias, mas não encontraram a causa das enxaquecas. Eu tinha ouvido falar de João de Deus e então fui ao hospital e pedi permissão aos médicos para tirar o meu pai do hospital por um dia. Eles concordaram com a condição de que voltássemos ao hospital naquela mesma noite. Eles queriam continuar a bateria de exames.

Eu trouxe o meu pai imediatamente à Casa e levei-o até a Entidade, que pôs a mão na cabeça do meu pai e pediu que ele voltasse à tarde para ser operado. O meu pai saiu da Casa, afastou-se até uma área tranqüila dos jardins e começou a chorar depois de receber essa bênção. Disse que sentiu uma energia imensa quando a Entidade colocou a mão na cabeça dele, e a dor de cabeça no mesmo instante desapareceu. Ele ficou para a cirurgia e nessa mesma noite voltou para o hospital. Contei aos médicos o que tinha acontecido e que o meu pai não tinha mais dores de cabeça. O médico mandou fazer uma tomografia e encontrou suturas bem visíveis na têmpora esquerda do meu pai, muito embora não houvesse sinal do corte do lado externo. O meu pai nunca mais teve dores de cabeça, desde essa cirurgia, vários anos atrás.

Sempre que eu compro um novo táxi, antes de pegar qualquer passageiro, levo as chaves para a Entidade. Ela as coloca nas mãos e as abençoa, para garantir proteção. Ser motorista de táxi é uma profissão perigosa, especialmente à noite. Eu já fui assaltado três vezes, mas sempre sou protegido e nunca fui molestado. Esta é uma Casa de Deus e eu sempre virei aqui.

CURADA DE HEPATITE COM UMA VISITA
Susan Schinstine

Eu preenchi os formulários do seguro-saúde em julho de 2002. Em agosto, recebi uma carta da companhia de seguros negando o meu pedido. Eles recomendavam que eu procurasse um médico, porque o meu exame de sangue indicara que as minhas funções hepáticas estavam elevadas. O meu médico fez uma série de exames e constatou que eu tinha hepatite B. Mandou-me, então, a um endocrinologista para ver o que poderia ser feito. Fiquei arrasada e deprimida. Estava doente, realmente doente, e o que era pior: não sabia nem mesmo como contraíra aquela doença. Achei que talvez tivesse sido nas férias que passei no Egito.

Eu estava fazendo um tratamento de acupuntura nessa época, mas tive de contar à minha amiga que ela não podia mais me tratar. Ela comentou sobre um *workshop* que estava dando e recomendou que eu o fizesse. Por alguma razão, era importante que eu estivesse lá. Durante o *workshop*, ela começou a falar de João de Deus. Então eu entendi por que era tão importante que eu estivesse presente. Eu precisava saber sobre ele.

Eu sabia que tinha de ir ao Brasil e ver esse curador. A minha amiga me colocou em contato com Heather Cumming, uma irmã da Casa e guia de excursões. Em fevereiro de 2003, fui para o Brasil ver João de Deus com um grupo de pessoas. Sabia que ele me ajudaria. Chegamos numa segunda-feira e Heather nos encontrou no aeroporto e nos levou a Abadiânia. Ela nos mostrou as redondezas e nos disse o que esperar e o que precisaríamos fazer. Fomos à Casa na quarta-feira da primeira semana. Quando chegou a minha vez, ficamos na frente da Entidade e eu expliquei o meu diagnóstico. Pedi à Entidade para me ajudar a sarar. Ela me deu um sorriso terno e um olhar carinhoso. Disse que cuidaria de mim e que eu precisaria voltar na manhã seguinte para a cirurgia.

No dia seguinte, sentei-me na sala de cirurgias com a mão direita sobre o coração e a esquerda no colo, de modo que a Entidade soubesse que eu estava aceitando qualquer ajuda que fosse necessária. Fiz uma oração, pedindo que ela me ajudasse. Senti um movimento leve dentro do meu corpo, quase uma comichão ao longo do tronco. Então ela subiu pelo pescoço, até o meu ouvido. Lembro-me de pensar comigo: Que ótimo. Eles vão curar o meu ouvido! Eu não tinha contado a eles sobre as dores de ouvido que eu tinha quando me deitava sobre o lado esquerdo.

Depois da cirurgia, voltei para o meu quarto e me deitei para dormir sobre o lado esquerdo. Não senti nenhuma dor no ouvido. Passei as duas semanas seguintes da minha estadia no Brasil sentada na corrente, dando e recebendo energia. Sabia, no fundo do coração, que eu tinha sido curada.

Em junho, consultei o médico da minha família, que ficou aborrecido por eu não ter voltado a procurar um especialista. Disse a ele que eu não estava muito interessada naquele especialista, então ele me mandou a outro. Demorei seis meses para consultar o outro médico. Já era janeiro de 2004. Eu disse a esse médico que não acreditava que estava doente, mas ele fez novos exames para verificar se eu ainda tinha o vírus da hepatite B. Perguntou-me o que eu tinha feito e eu lhe contei que havia consultado um curador espiritual, João de Deus, e que ele havia me curado. Não totalmente convencido, ele pediu um exame muito caro que detecta até os menores traços de presença de vírus na corrente sangüínea. O resultado desse exame também foi negativo. O médico constatou que eu não tinha nenhum resquício de hepatite B, o que sempre acontece depois do tratamento. Disse-me para voltar em três meses para fazer novos exames e, se eu tivesse dor no fígado, para voltar antes disso. Três meses depois, todos os exames voltaram a dar negativo.

O meu marido e eu voltamos ao Brasil em 2004. Mais uma vez fiquei diante da Entidade e a agradeci por me curar. Ela disse que eu não precisava mais me preocupar. Tinha sido curada da hepatite e não precisaria mais voltar se não quisesse. Desnecessário dizer, volto ao Brasil todos os anos e continuarei fazendo isso enquanto puder. Sinto-me em casa na Casa e perco a conexão quando não estou lá. Agora vou à Casa para doar energia a outras pessoas, sabendo que sempre posso me superar. Rezo para que eu possa ajudar outras pessoas mantendo a corrente para elas, como fizeram por mim.

ESTAMOS TODOS CONVIDADOS PARA ESSA FESTA
Roger Kitzis

Roger era ortodontista e trabalhava na empresa do pai, em Long Island (EUA). Rapaz bem-humorado e sem muitas preocupações, ele vivia a vida plenamente. Mas então começou a perder a visão num dos olhos. A última coisa em que pensou foi esclerose múltipla. Quase nunca ficava doente. Por que isso ia mudar agora? O diagnóstico o deixou perplexo, mas ele estava determinado a não deixar que a doença levasse a melhor. Começou a buscar um tratamento holístico que pudesse curá-lo.

Roger conta a sua história:
Quando procurei João de Deus em setembro de 2001, eu tinha certeza de que ele me curaria na mesma hora.

Isso não aconteceu. E não apenas isso: outras pessoas ficaram diante da Entidade e ela conversou com elas e lhes disse para "se sentarem na corrente" ou ir à cachoeira. Quando chegou a minha vez, ela praticamente só acenou para mim, sem demonstrar nenhum reconhecimento. Então, eu me sentei na sala da corrente durante três dias. Eu estava frustrado e totalmente confuso. O meu raciocínio era o seguinte: *Sou nova-iorquino, Sei que esse é "o cara"*. Era como ir a um parque de diversões e dar uma volta. Pensei, *Então me cure já*. Eu nem desconfiava da razão por que a Entidade não olhara para mim.

A segunda vez que fui à Casa, eu me senti ignorado até o último dia. Não consegui visualizar nada. Repetia a mesma pergunta o tempo todo enquanto estava na corrente. Eu queria ser curado para que pudesse voltar ao meu antigo estilo de vida, que incluía uma festa atrás da outra. Eu não tinha nenhuma consciência. Então tive um sonho marcante, mesmo estando acordado. Heather me disse que ele significava que eu estava num ponto decisivo. Fomos até a Entidade e eu agradeci pelo sonho. Pela primeira vez, eu me senti cheio de gratidão. A Entidade, que agora eu chamo de *Pai*, sorriu e disse, "Era isso que eu estava esperando; agora vá para o trabalho". Eu continuei sentado na sala da corrente, meditando.

Na minha terceira visita, pedi uma cirurgia visível. A minha mente científica queria provas. Talvez a cirurgia física propiciasse a cura instantânea. Eu passei pela "cirurgia do nariz". Foi um pouco desconfortável. Nenhuma mágica. Antes de eu ir embora, Heather perguntou à Entidade, "Essa é a terceira viagem dele à Casa, Pai. Quantas vezes ele ainda precisa voltar?"

A Entidade respondeu, "Se voltar mais uma vez, será curado". Evidentemente, quando aterrissei em Nova York, já tinha marcado minha quarta viagem e voltado imediatamente. Eu estava animado e ansioso para que a minha saúde melhorasse e eu pudesse voltar a ser quem eu era novamente. A vida era uma grande piada e eu queria empolgação. Embora o meu corpo estivesse aos poucos parando de funcionar, eu ainda lutava para me agarrar a coisas que não eram mais possíveis ou importantes.

Durante a minha viagem seguinte, percebi que a cura *de fato* vem de muitas maneiras diferentes. Depois de três anos, cheguei à constatação de que eu queria muito mais felicidade e paz do que cura física. Pedi à Entidade felicidade, não cura física. Na época em que voltei a Nova York, eu já percebia dentro de mim um sentimento de paz. Nunca tinha me sentido assim antes. Felicidade é quando você se sente grato por qualquer coisa.

A minha viagem ainda inclui a resolução física dos meus problemas de saúde: o tratamento com vitaminas, medicamentos e medicina holística, mas o resultado final virá de *dentro*. João de Deus ensinou-me a entender e valorizar o fato de que existe uma Fonte Energética e a mergulhar nessa fonte. Estamos todos convidados para essa festa. Não existem exclusões nem julgamentos. Eu sou simplesmente o que sou. Espero me regenerar e poder servir aos outros.

▲

O ÚLTIMO LUGAR ONDE EU QUERIA ESTAR ERA NO BRASIL
Andy Rayson

Tenho 48 anos e trabalho no setor petrolífero. Até três anos atrás, fui presidente de uma divisão de três mil funcionários de uma multinacional. Moro na Holanda e tenho uma esposa, Regina, dois filhos pequenos – Rosie, de 4 anos, e Joe, de 2 – e um cachorro, Billy.

No Natal de 2002, recebi o diagnóstico de mal de Parkinson, depois de passar um ano inteiro sentindo um tremor na mão direita. Nos anos seguintes, a doença foi aos poucos piorando. No início de 2005, Reggie conseguiu algumas informações na Internet sobre João de Deus e me contou sobre os milagres operados em seu centro de cura. Por alguma razão, isso me deixou realmente zangado, porque eu não queria precisar confiar em "milagres" para ter esperança. Disse a ela que não queria falar a respeito novamente, mas por algum motivo essa conversa corriqueira me deixou muito incomodado. Tirei aquilo da cabeça e decidi que o último lugar que eu queria ir era ao Brasil.

Por volta de uma semana depois, o meu chefe me chamou e pediu que eu analisasse uma aquisição que ele estava pensando em fazer no Brasil. Ele precisava que eu viajasse para lá em algumas semanas. Eu nunca tinha visitado o Brasil antes e esse tipo de viagem não fazia parte das minhas atribuições costumeiras. Imediatamente pensei em visitar João de Deus. Reggie insistiu para que eu fosse e então contratou Heather Cumming, que tinha acabado de saber que um dos seus passageiros havia cancelado a viagem para dali a duas semanas. A data coincidia com os meus planos de viajar ao Brasil.

Eu era agnóstico e também engenheiro; por isso sempre precisei de explicação para tudo. Encarava com ceticismo qualquer um que realizasse milagres. Mas fui com a mente aberta. Decidi não ler nada de antemão sobre João de Deus. Eu me atrasei para me reunir ao grupo em Abadiânia, mas Heather imediatamente contornou a situação e me acompanhou com zelos de mãe durante todo o processo. Muito antes de chegarmos à Casa, fiquei pasmo com a acolhida carinhosa e com o amor evocado por esse grupo de pessoas muito normais.

Na manhã seguinte, Heather me levou para ver João de Deus. Ela disse para eu me sentar no palco, perto da frente. Em minutos, a Entidade apareceu no palco com um jovem que parecia estar em transe. Ele então começou a empurrar uma tesoura longa para dentro do nariz do rapaz. O homem parecia alheio ao que lhe acontecia e continuou a sorrir. Eu fiquei horrorizado. Dez minutos depois, quando chegou a minha vez de falar com João de Deus e ele me disse que eu passaria por uma cirurgia, posso lhe dizer que eu estava apavorado e pronto para tomar o próximo avião para casa. Heather explicou-me que o trabalho verdadeiro era feito espiritualmente. As operações físicas às vezes eram para pessoas que precisavam de provas físicas de que algo estava acontecendo. Ela me garantiu que João de Deus não realizaria em mim uma cirurgia física sem o meu consentimento.

Quando olhei nos seus olhos azuis penetrantes e ele sorriu para mim, eu soube que tudo ia ficar bem. Ele me convidou a sentar na sua sala da corrente. Heather falou-me no ouvido para fechar os olhos e pedir pela cura necessária. Depois do que me pareceram cinco minutos, mas na realidade foram três horas, disseram-me para abrir os olhos. Eu estava completamente atordoado, mas sentindo um aconchego emocional que nunca sentira antes. Desabei; chorei como não chorava desde criança.

Nessa tarde, passei por uma cirurgia espiritual. A essa altura, eu já estava me sentindo totalmente à vontade e participativo. O meu coração e a minha mente estavam abertos. A operação não surtiu um efeito físico ou emocional imediato. Voltei para o quarto de hotel e dormi umas trinta horas, só acordando para tomar a sopa fluidificada que Heather me trazia. Tenho certeza de que a minha transformação começou durante aquele longo sono. Tive muitos sonhos relacionados à minha cura.

Três dias depois, embarquei numa excursão de duas horas de ônibus com Heather e o grupo, para conhecer os lugares sagrados de Brasília. Enquanto estava sentado em silêncio no ônibus, percebi que a minha mão tinha parado de tremer pela primeira vez em muitos anos. Fiquei muito empolgado, mas não queria dizer nada a ninguém com receio de desfazer a mágica. O tremor recomeçou duas horas depois, mas era bem menor.

Vivi acontecimentos maravilhosos nas duas semanas seguintes, incluindo as visitas à rejuvenescedora cachoeira, as jornadas de meditação e os surpreendentes laços de amizade que se formaram dentro do grupo. Eu liberei as minhas emoções durante os banhos de cristal e descobri a espiritualidade com a ajuda de muitas pessoas maravilhosas da Casa. Já tinha feito grandes progressos físicos no final da minha primeira visita, mas mais importante ainda foi o meu despertar espiritual. Isso continua me proporcionando níveis cada vez mais elevados de paz e felicidade. Estou convencido de que tudo isso está me levando rumo a uma recuperação completa.

Entre os meus outros sintomas estão a perda do olfato, rigidez, fortes dores musculares, perda do equilíbrio e rosto inexpressivo. Eu tinha feito todos os exames e buscado o parecer de três especialistas, inclusive de um renomado professor holandês. Eles todos confirmaram que eu tinha mal de Parkinson. Eu me recusava a tomar medicação porque estava preocupado com os efeitos a longo prazo e a eficiência dos remédios. Busquei muitos tratamentos alternativos e me fiei nas massagens craniossacrais, no *biofeedback* e na acupuntura. Já faz seis meses que não faço mais esses tratamentos. Pratico yoga e medito todos os dias durante vinte minutos.

Recentemente, visitei a minha neurologista, uma senhora de mente muito aberta. Ela ficou impressionada com a minha melhora constante ao longo dos últimos seis meses. Disse-me que eu tinha melhorado oitenta por cento e a doença parecia ter se estabilizado. Avisou-me que as consultas a cada três meses não eram mais necessárias e que eu telefonasse se fosse preciso.

Eu não tenho contato com muitas pessoas tem o mal de Parkinson, mas estou convencido de que quem tem essa doença também tem uma enorme necessidade de controlar a vida. Tenho certeza de que parte da minha recuperação deveu-se a eu ter me aberto um pouco e desistido de controlar tanto a minha vida. Isso eu devo a Abadiânia. Vou continuar voltando à Casa todos os anos.

▲

RECUPERAÇÃO A OLHOS VISTOS
Bob Dinga

Em 1986, fui diagnosticado com uma doença rara na retina, chamada coroidite serpiginosa. Não existiam remédios que combatessem esse mal e a cirurgia a laser era o único recurso para impedi-lo de progredir. Depois de passar por cinco cirurgias a laser num período de treze meses, fui declarado legalmente cego e aconselhado a aprender Braile. Não havia mais nada que pudessem fazer por mim.

Em novembro de 1998, a minha amada companheira, Diana Rose, leu para mim um livro escrito por Robert Pellegrino-Estrich, cujo título era *The Miracle Man* [em português, *João de Deus, o Curador e seus Milagres*]. Quando ela acabou a leitura do livro, resolvi que eu tinha de ir ao Brasil para receber o meu milagre das mãos de João de Deus. A essa altura, eu só conseguia ler letras garrafais e só dirigia nas imediações da minha casa, onde eu conhecia o caminho.

Crente de que uma cura instantânea restauraria a minha visão, eu contratei um tradutor-intérprete que falava português e fui para a Casa de Dom Inácio em Abadiânia, para uma estadia de um dia e meio. Sentei-me na sala da corrente duas vezes no primeiro dia e sofri uma cirurgia espiritual na sala de cirurgias na manhã do segundo dia. Enquanto estava sentado na sala de cirurgias, senti algo soprando no meu ouvido. Lembro-me de pensar que eles deviam estar curando os meus olhos, não o meu ouvido. Como eu não sabia da complexidade da minha cirurgia e não senti coisa alguma, o meu tradutor e eu fomos dar um passeio pela região rural da cidade. Chegamos a passar muitas horas comprando cristais na cidade de Cristalina. Isso foi exatamente o oposto do que nos disseram para fazer após a cirurgia.

No final do dia, eu estava exausto e comecei a perceber que a Entidade havia de fato realizado uma grande cirurgia em mim. Mas já era tarde. Eu tinha ignorado os avisos e a minha visão começou a piorar. Quando voltei para casa, eu não conseguia mais ler sem a ajuda de uma forte lente de aumento e não consegui mais dirigir. Quando perguntei se podia voltar a Abadiânia, a resposta foi "Não; não enquanto eu não receber uma mensagem clara de Deus".

Aproximadamente três semanas depois da minha volta para casa, João de Deus me apareceu num sonho. Quando perguntei a ele se podia retornar à Casa, ele disse, "Sim, mais duas vezes". Incapaz de ler as placas no aeroporto e de falar português, voltei sozinho em maio de 1999, para ficar três dias, e em agosto para ficar três semanas. Depois da viagem de maio, a minha visão voltou ao mesmo nível em que estava em janeiro. Depois de agosto, ela melhorou radicalmente.

Notei que cada vez que eu voltava ao Brasil, a minha visão melhorava significativamente, mas, depois de alguns meses, começava a piorar outra vez. Em dezembro de 1999, visitei a Casa durante três semanas e passei por experiências profundas, vislumbres intuitivos e a melhora da visão. Voltei para casa e me demiti do meu emprego. A minha visão melhorou desde então. Eu consigo ler por períodos curtos e dirigir para onde quer que eu queira, mesmo quando há pouca iluminação. Voltei a levar uma vida normal e trabalho no meu escritório doméstico, usando o computador para me comunicar com pessoas do mundo todo que querem saber mais sobre a Casa de Dom Inácio e João de Deus. (Bob e Diana Dinga moram na Califórnia são filhos da Casa e guias oficiais da Casa.)

▲

TOCADO POR UMA BORBOLETA
Ricardo Bezada

Ricardo começou a sentir dor no ombro em 1987. A dor aumentou e ele por fim descobriu que tinha um tumor maligno. De 1989 a 1992, fez sete cirurgias no Valhalla Hospital, no Estado de Nova York. Por mais que tentassem, os cirurgiões não conseguiram remover o tumor inteiro, pois ele tinha se infiltrado nos nervos do ombro e do braço. Por volta de 1992, Ricardo já tinha perdido todos os movimentos do braço e sentia uma dor atroz.

Ricardo conta a sua história:
Eu não tinha mais opção. Os médicos queriam amputar o meu braço direito para que o tumor não se espalhasse. Decidi visitar a minha família no Peru antes de tomar uma decisão tão drástica. Eles me falaram sobre um

curador do Brasil a quem o presidente peruano havia convidado para ajudar a conter a epidemia de cólera. Disseram que o curador, João de Deus, tinha atendido quinze mil pessoas e a epidemia tinha sido debelada. Eu já tinha procurado a ajuda de muitos curandeiros e xamãs do Peru e não estava convencido de que João de Deus pudesse me curar, mas não queria perder o braço e ficar impossibilitado de trabalhar.

Em desespero, comprei uma passagem aérea para o Brasil. Cheguei à Casa de Dom Inácio para a sessão matinal e fui recepcionado por Sebastião, um camarada jovial que percebeu que eu chorava de dor. Eu não dormia bem já fazia cinco anos e vivia exausto. Sebastião me levou até diante da Entidade, que me disse que eu passaria por uma cirurgia invisível naquela tarde.

Mais tarde nesse mesmo dia, disseram-me para que me sentasse com outras pessoas na sala de cirurgias. A Entidade entrou e fez uma prece. Durante a cirurgia, senti uma leve onda tremulante de energia, como se fosse tocado por uma borboleta. Minutos depois, ao sair da sala de cirurgias, eu não sentia mais dor. Atordoado, aproximei-me de Sebastião e disse, "Cadê a dor?" Disseram-me para que eu fosse descansar. Voltei para o hotel e dormi durante três dias. Fazia anos que eu não conseguia esticar o corpo e tinha uma depressão acentuada do lado direito, mas dormi totalmente esticado depois dessa cirurgia.

Voei de volta para Nova York e fui recepcionado pela minha esposa. Ela ficou empolgada quando me viu, porque eu estava de pé com a coluna ereta, algo que eu mesmo não tinha percebido. O meu corpo tinha se alongado normalmente, porque eu não sentia mais dor. O tumor ainda estava lá e, embora eu estivesse eufórico com a ausência de dor, voltei depois de uma semana à Abadiânia para continuar o tratamento.

Fui imediatamente para o salão ver o Médium João. Quando a Entidade entrou no palco, ela se dirigiu até onde eu estava e pegou na minha mão. Quando ela desabotoou a minha camisa, senti uma onda de energia no local do tumor maior. Quando ela acabou de tirar a camisa, olhei o meu ombro e vi que o tumor tinha desaparecido. A Entidade me pediu que fosse até o escritório do tabelião da cidadezinha e registrasse oficialmente a minha cura.

Eu vou à Casa uma vez por ano para agradecer e receber energia de cura. Tenho cicatrizes profundas por causa das numerosas cirurgias que fiz, mas nenhum tumor. Eu continuo em tratamento e trabalho numa construtora em Nova York.

▲

PARTILHANDO UMA DÁDIVA
Sirlei Lerner

Em janeiro de 1994, Sirlei deixou Porto Alegre, no estado do Rio Grande do Sul, para ir à Casa pela primeira vez. Fazia três anos que ela estava lutando para combater um carcinoma no seio direito. Os médicos achavam que a melhor saída seria remover um quarto do seio (e se submeter em seguida à radioterapia e à quimioterapia). Sirlei não concordava absolutamente com aquela terapia intrusiva.

Sirlei conta a sua história:

Eu não acreditava na medicina convencional, mas sim numa abordagem holística. Comecei a comer alimentos integrais, a estudar macrobiótica e a usar remédios naturais. Depois de três anos, eu tinha desenvolvido sete pequenos tumores no seio. Eu não desisti da minha abordagem holística, mas comecei a ficar assustada. Uma amiga me disse que iria me levar à Casa de Dom Inácio de Loyola para tratamento. Eu não estava certa de que a minha fé católica permitiria que eu procurasse um curador espírita, mas a minha amiga comprou as passagens de ônibus. Na época, eu já estava desesperada. Depois de tudo, que opção eu tinha? Não via nenhuma. Fizemos a viagem de 30 horas até Abadiânia.

Numa quarta-feira pela manhã, fomos à Casa e ficamos diante de João de Deus. Naquele dia, a Entidade que incorporou foi Dom Inácio. Ele sorriu para mim e disse que eu era uma médium da Casa. Afirmou que eu não ia morrer de câncer e que eu não precisava ficar com medo. Ele me curaria, mas eu teria de voltar muitas vezes. Disse que os métodos alternativos tinham salvado a minha vida. Se eu tivesse deixado que cortassem o meu seio, o câncer teria se espalhado sem controle e as Entidades não teriam como me curar. A minha doença tinha apenas causas espirituais e a cirurgia convencional não iria resolver.

Então, o meu tratamento começou. A primeira vez que a Entidade (o Dr. José Valdivino) trabalhou em mim, eu estava deitada numa maca. Segundo me disseram, quando a Entidade mandava alguém deitar numa maca era porque ela passaria por uma cura energética profunda. O Dr. Valdivino reuniu muitos médiuns em volta da maca, inclusive outros Espíritos de Luz que trabalhavam na Casa, no reino invisível, e lhes mostrou o câncer, dizendo que ele se chamava *aranha*. "É uma aranha muito agressiva e zangada", afirmou. Então, começando pelos pés, ele foi subindo pelo meu corpo, explicando por que eu tinha câncer. Quando ele apertou o tumor grande, saiu sangue do meu seio.

A cada quarenta dias, eu viajava de ônibus para ficar diante da Entidade; a longa viagem se tornou uma rotina. Uma vez, a Entidade (o Dr. Valdivino) pegou uma seringa, injetou-a num dos tumores e extraiu dali um líquido ensangüentado. Também começou a sair sangue pelo mamilo. O espírito disse que eles estavam tirando todo o câncer do meu corpo e levando-o para um só lugar; era essa a razão por que o tumor continuava a crescer. Na terceira vez, o Dr. Valdivino fez uma cirurgia espiritual.

Em 1996, a Entidade (Dom Inácio) percebeu que eu estava ficando preocupada e me disse para eu ir fazer um exame médico depois de 21 dias. Eu fui ao melhor oncologista do sul do Brasil. Ele se surpreendeu, porque o tumor era tão grande que não cabia na tela do monitor; no entanto, o resto do meu corpo estava saudável. O meu fígado, os meus rins e todos os outros órgãos não mostravam sinal de câncer. O médico ficou chocado ao saber que, depois de cinco anos de câncer *não-tratado*, eu não tinha nenhuma metástase. Disse que eu era um milagre da natureza, pois aquilo não tinha explicação. Quatro anos se passaram daquele jeito.

Em 1999, eu me mudei para a cidade de Anápolis, para ficar mais próxima da Casa. Um dia, quando fui para o tratamento, a Entidade era o Rei Salomão, que não incorporava no Médium João fazia dezoito anos. Ele me disse que eu tinha sido muito paciente – embora eu me sentisse impaciente e um tanto nervosa. Ele disse, "Filha, se você não tivesse vindo à Casa com tanta assiduidade, não estaria mais conosco". Já havia se passado oito anos desde o diagnóstico e o tumor continuava crescendo. A Entidade então recomendou que eu fizesse uma cirurgia convencional. Explicou que os espíritos já tinham feito o trabalho deles e todo o câncer tinha sido levado para um único ponto e encapsulado. Era como uma laranja seca e agora poderia ser removido por um médico.

O meu médico disse que poderia realizar uma mastectomia em mim em agosto daquele ano, mas ele primeiro queria que eu fizesse quimioterapia e radioterapia. Eu me recusei e perguntei se ele não faria a cirurgia sem esses tratamentos. O médico disse que normalmente não faria, mas, como se tratava de um caso extraordinário, ele faria o que eu pedia. Realizou a mastectomia no meu seio direito, onde todo o câncer estava concentrado.

No ano 2000, eu fui examinada mais uma vez e nenhum câncer foi detectado em meu corpo. Eu não me incomodo em continuar fazendo exames porque tenho certeza de que as Entidades me curaram completamente da minha doença espiritual. Uma vez por semana, eu vou à sala da corrente da Casa e medito para ajudar na cura de outras pessoas.

Eu comecei a sentir uma grande vontade de pintar, embora nunca tivesse pintado antes. Fiz um curso de um semestre em 1999. As pinturas começaram a se manifestar através do meu pincel, retratando a Mãe Maria, Dom Inácio e muitos outros espíritos da Casa. Fiz outro curso de pintura com tinta acrílica em 2002. O professor me disse que eu precisava pintar dez horas por dia e me tornar artista ou desenvolveria câncer no seio. Eu disse a ele que já tivera câncer no seio, então que agora só restava eu me transformar numa artista. Agora eu pinto dez horas por dia. Acredito que uma mensagem me foi transmitida por intermédio desse professor, porque ele não me conhecia. As Entidades me pediram para pintar para elas. Elas disseram que eu sou uma "médium de pintura" e essa é a dádiva que eu partilho com o mundo. A minha vida inteira se transformou e eu sou muito feliz.

Heather continua:

Eu pedi a Sirlei para pintar o Dr. Augusto, incluindo na pintura esta afirmação que ele freqüentemente faz: "Minha falange não é composta de dez, nem de cem, mas de milhares. Eu sou aquele que vai às profundezas do Abismo para resgatar uma alma". Ela fez uma linda pintura e trouxe-a para mim. Eu levei a pintura à Entidade (o Dr. Augusto), para que ela a assinasse. Ela comentou que a pintura de fato se parecia bastante com ela, mas acrescentou. "Os meus olhos eram verdes, não castanhos. A linha do cabelo não era tão recuada e o meu cabelo cobria as orelhas. O bigode era um pouquinho menos aparado. Mas está muito bom."

Sirlei fez as pequenas mudanças que ela pediu e mostrou a pintura à Entidade novamente. Dessa vez, o Dr. Augusto sorriu, assinou a pintura e a considerou perfeita. Ele recomendou que todas as pinturas futuras dele contivessem a mesma frase. Sirlei cumpriu a palavra e todas as pinturas subseqüentes obedeceram à solicitação dele. Eu tenho uma grande coleção de pinturas canalizadas por ela. Sempre a convidava a trazer as suas pinturas para o hotel quando os meus grupos chegavam. Eles as compravam na mesma hora e faziam encomendas. Muitas dessas pinturas também já foram vendidas às pousadas espalhadas pela cidade. Sirlei sustentava os filhos sozinha e era muito grata às Entidades por lhe concederem esse dom para a pintura.

Em outubro de 2005, as Entidades avisaram que ela não deveria dirigir na terça, na quarta ou na quinta-feira da semana seguinte. Por alguma razão, Sirlei ignorou o alerta das Entidades e levou o filho ao trabalho de carro. No caminho para casa, ela calculou mal a distância ao entrar numa rua movimentada e um ônibus bateu no carro dela. Ela morreu na hora. Todos na Casa ficaram devastados com a notícia. No dia em que ela morreu, Martin, um dos médiuns e tradutores da Casa, perguntou às Entidades sobre Sirlei. Ele queria saber por que ela tinha morrido e se ela estava agora com elas.

Elas disseram que o acidente fora uma escolha da alma dela. Disseram que ela estava no hospital espiritual e que estavam cuidando dela. Ele perguntou se ela se juntaria à falange e a Entidade respondeu que isso aconteceria depois do período de recuperação. Uma semana ou duas antes da morte, Sirlei comentou o quanto era maravilhoso que mais de quinhentas das suas pinturas estivessem agora espalhadas por muitos países do mundo.

▲

TRILHANDO O CAMINHO PARA A LUZ PERFEITA DE DEUS
Kathy Clifford

Eu tinha 48 anos quando recebi um diagnóstico de câncer de mama, com metástase nas costelas e na coluna vertebral. Já tinha feito duas séries de aplicações de radioterapia e cinco tipos de quimioterapia, e passado por várias cirurgias que resultaram em um metro e meio de cicatrizes no abdômen. O câncer consumiu três vértebras lombares, o que exigiu uma cirurgia de reconstrução da coluna e um ano de recuperação. Durante a internação para a cirurgia, eu recebi de Deus um claro e detalhado chamado de despertar, que transformou a minha vida. Da pessoa secular que era, eu me transformei em outra, centrada e espiritualizada. Desde essa época em que fiquei no hospital, senti que a cura espiritual desempenharia um papel importantíssimo na minha recuperação. No entanto, percebi a importância de aceitar a cura de onde quer que ela viesse. Isso pode incluir tratamentos convencionais, seguidos de uma dieta especial, da ingestão de suplementos e de uma prática espiritual diária.

Nessa época, as Entidades já tinham realizado quatro cirurgias invisíveis em mim. Cada uma delas surtiu um efeito físico e emocional em mim. Horas depois da primeira cirurgia, surgiu uma grande queimadura ao longo da minha coluna. Aplicamos água fluidificada, que parecia mais luz liquefeita penetrando no meu corpo. A queimadura diminuiu da noite para o dia, até adquirir uma tonalidade amarronzada. Eu continuo a aplicar a água fluidificada quando sinto dor e ela ajuda muito. Outras cirurgias foram acompanhadas de dor nas costelas, nos quadris e na coluna. Também senti uma grande libertação ou revelação emocional ou espiritual depois de cada uma delas.

Como sempre acontece, a minha cura começou com a cura emocional. Enquanto estava na cama, eu revi mentalmente uma retrospectiva dos acontecimentos da minha vida que me magoaram profundamente, apresentados em ordem cronológica. Pela primeira vez, fui capaz de encará-los de maneira diferente: sem julgamento. Consegui entender que aqueles que me feriram eram seres humanos imperfeitos como eu, e que também cometiam erros. Eu compreendi que eles tinham feito o melhor que sabiam na época. O fato de conseguir perdoar essas pessoas tirou um enorme fardo dos meus ombros e me trouxe um imenso sentimento de paz. Eu também consegui pedir perdão a outras pessoas pelas minhas próprias ações no passado, o que me libertou da culpa. Eu tinha passado muitos anos me punindo.

A energia de cura das Entidades da Casa também afetou a minha família, beneficiando a todos nós. A minha irmã sofreu um terrível acidente de carro muitos anos atrás; ela foi atingida por um motorista alcoolizado. Com o corpo esmagado da cintura para baixo, ela perdeu uma perna e sente muita dor na outra. Sofreu duas cirurgias invisíveis na casa dela, nos Estados Unidos, durante as visitas que eu e minha mãe fizemos à Casa de Dom Inácio. Na primeira ocasião, ela foi acordada por uma Entidade levantando o seu pé e manipulando o tornozelo. A dor diminuiu dessa ocasião em diante. A segunda cirurgia foi uma cirurgia por representante, em que a minha mãe, presente na Casa, serviu como canal para a minha irmã, que estava em casa. Na manhã seguinte, a minha irmã acordou com um hematoma no tornozelo e sentindo menos dor. A minha irmã nunca tinha passado por uma cura espiritual nem tinha conhecimento sobre o assunto.

Agora eu compreendo que o propósito da minha vida é trilhar o caminho em direção à luz perfeita de Deus. O caminho é longo e cheio do que eu costumava considerar obstáculos intransponíveis. Agora eu penso neles como pedras no caminho. Quando encontro uma, em vez de sentir que estou sendo castigada ou me fazer de vítima, eu vejo uma nova lição a aprender. Eu celebro a lição porque ela significa que eu já avancei um pouco no caminho e estou preparada para lições maiores. Estudo cada pedra com compaixão e amor, e depois que passo a entender melhor a pedra, ela se torna um pequeno pedregulho. Posso segurá-la na mão. O seu poder emocional sobre mim desaparece. Eu examino o pedregulho de todos os ângulos, aumentando a compreensão que tenho dele. Então sou capaz de aceitar, mudar, perdoar e liberar a questão que a pedra representa. Depois que a pedra se transformou numa pedrinha diminuta, eu a coloco no bolso e a carrego comigo, para me lembrar da lição que aprendi. Depois que o meu caminho fica desobstruído, eu continuo caminhando na direção da luz. O trabalho da minha vida é transformar pedras em pequenos pedregulhos e desobstruir o caminho até Deus.

Agora que eu tenho uma compreensão melhor do Espiritismo, posso ver que o câncer pode ser uma dádiva. Eu costumava ser arrogante. A doença desviou a minha atenção. Ela me manteve focada no aprendizado e na tarefa de me melhorar, além da de compartilhar as minhas descobertas com as outras pessoas. O instante em que eu passei a ver a doença de outra maneira foi um grande avanço. Quando comecei a ver a minha vida como um dia na escola e entender e aceitar que o meu espírito é eterno, a magnitude do que estava acontecendo mudou. Mesmo se o meu corpo morresse, eu não morreria. Eu teria outro corpo e voltaria para a escola e continuaria aprendendo. O meu propósito é amar, evoluir e servir tanto quanto puder nesta vida, assim como na seguinte. Mas o meu corpo vai morrer em algum momento não muito distante. Três meses depois da minha visita a Abadiânia, o câncer entrou em remissão e permaneceu assim desde então.

"AMAZING GRACE"
Margaret Newton

Na noite passada, quando eu abraçava o travesseiro, as lembranças me transportaram de volta ao Brasil. Era um domingo e Arturo estava na frente da sala dos médiuns, dando uma palestra, depois de ter sofrido um derrame dois dias antes e sobrevivido. "Graças às Entidades estou vivo", ele disse. Todos riram. O seu jeito direto e prosaico era cativante e ele transmitiu uma mensagem que comoveu a todos.

Eu me lembrei de vozes ecoando pela Casa enquanto escolhíamos canções de um livro. Desde a morte da minha mãe, anos antes, eu não conseguia cantar, muito embora eu fosse ao Salão do Reino das Testemunhas de Jeová com meu tio e a congregação cantasse no início e no final dos serviços religiosos. Freqüentar o Salão do Reino tinha se tornado um memorial vivo à memória de minha mãe. Eu visitava o que um dia existiu e agora não existe mais. Uma tristeza esmagadora me oprimia. Eu vivia com uma sensação de vazio. Essa sensação me embalava enquanto eu ficava ali de pé, sem ouvir mais a voz forte dela por sobre o ombro, como eu ouvira toda a minha vida. Eu costumava brincar com ela, dizendo que ela conduzia todo o grupo com o poder da sua voz e que não haveria canção nenhuma sem a presença dela. Posteriormente, percebi o quanto isso era verdade.

Quando eu cantava "Amazing Grace" [Graça Extraordinária] na Casa, ouvia outra vez a voz de minha mãe e sentia o amor que conheci na infância, quando ela cantava com a sua voz alta e cristalina. As lágrimas escorriam pela minha face, banhando a minha alma. Eu não pronunciava nenhum som. Não conseguia me mexer. Percebia quanta alegria estava incutida naquela canção e ali na Casa deixava essa alegria tomar o lugar da dor. Sentia o aroma de pétalas de rosa branca à minha volta, embora elas fossem uma metáfora da luz que se derramava sobre o meu corpo. As vozes das criancinhas podiam ser ouvidas enquanto cantavam e eu percebia o quanto podia ficar próxima do céu mesmo ainda estando no corpo físico. As suas vozes infantis causavam felicidade pura na minha alma. Eu sentia um calor se irradiar para o meu pé direito e percebia a presença de um espírito me confortando. A alegria me transportou para os meus sonhos naquela noite, enquanto eu me lembrava.

Nunca compreendi o que sentia quando estava na Casa. Era como se eu entrasse numa sala coberta com um tecido macio, de cores claras e belas. Até os meus pés se sentiam acolchoados. Com o olho da mente, eu via um véu transparente e diáfano no centro da sala. As coisas que tinham forma eram bem sólidas do lado da sala onde eu estava. Essas mesmas formas também existiam do outro lado do véu, no entanto eram moléculas de energia em movimento. As minhas experiências na Casa me levavam a questionar o que é real e o que não é. Quanto mais amor eu sentia, mais luz irradiava de dentro de mim, levando-me a me reconectar com o sentimento de lar que eu perdera na hora da morte de minha mãe.

Essa imersão espiritual era a cura do meu corpo emocional. Eu tinha descoberto o mesmo lar que a minha mãe criara por meio da espiritualidade dela – não por meio da sua religião, mas da espiritualidade que porejava do seu ser. Entendo agora por que chorei durante três semanas, depois da minha cirurgia espiritual na Casa.

Agora já se passaram seis meses e a dor emocional e psicológica que um dia senti já se foi, completamente curada. Nunca pensei que esse nível de cura fosse possível. Passei uma vida inteira na terapia e em cursos de auto-ajuda, os quais me renderam um grande crescimento pessoal, mas não a verdadeira cura. Nada chegou nem perto do que me aconteceu quando fiquei diante do Médium João e das Entidades.

▲

MEU FILHO ESTÁ ANDANDO
"Júnior" da Silva

Neusa e Gelson da Silva levaram o filho Júnior à Casa pela primeira vez em 1989. Ele tinha contraído poliomielite aos 3 meses de idade.

Neusa conta a sua história:

O meu filho foi às pressas para o hospital com uma febre de quarenta graus, depois de receber a vacina da pólio. Nos seis anos seguintes, procuramos desesperadamente por respostas, fazendo uma peregrinação por médicos e curadores, buscando uma cura para que ele pudesse andar. Ele tinha uma tala metálica que lhe envolvia a perna e o corpo e ia até o plexo solar. Andar estava fora de questão. Ele encararia a vida de uma cadeira de rodas.

A primeira vez que levei Júnior à Casa ele tinha 6 anos de idade. A Entidade disse que o tratamento levaria tempo, mas que ela poderia ajudá-lo. O tratamento exigia que eu o levasse à Casa a cada quarenta dias. Era uma extenuante viagem de ônibus. Eu levava os livros da escola dele, para que pudesse continuar estudando. Depois de um ano, a mobilidade dele melhorou cem por cento e a Entidade tirou a tala metálica que cobria a perna direita dele e todo o tronco. Ela nos disse que, se não tivéssemos trazido Júnior para tratamento na época em que o fizemos, ele teria vivido para sempre numa cadeira de rodas. A equipe médica que tratava dele afirmou o mesmo.

Júnior continuou o seu tratamento com as Entidades até os 16 anos. Eu honrei o meu compromisso de ajudar o meu filho tornando-me guia da Casa e ajudando outras pessoas. A cada quarenta dias eu tomava um ônibus para trazer pessoas da minha comunidade à Casa, para serem curadas. O ônibus estava sempre cheio. A viagem de volta sempre levava mais tempo, pois tínhamos de fazer paradas freqüentes para ajudar aqueles que tinham passado pela cirurgia espiritual e muitas vezes vomitavam no caminho.

A Entidade me disse em 1999 que devíamos nos mudar para Abadiânia. Eu não fazia idéia de como sobreviveríamos com dois filhos na escola. Pedi à Entidade para nos ajudar. Os donos do Hotel Vila Verde (atualmente Hotel Rei Davi), Ernesto e Izaura, estavam vendendo o hotel e ficaram ansiosos para que nós o comprássemos. Não tínhamos recursos para comprar o hotel, então eles concordaram em alugá-lo para nós enquanto procuravam um comprador. Nós nos mudamos com toda a família. Gelson teve de sair da sociedade numa imobiliária e eu vendi uma lucrativa loja de roupas femininas. Começamos a nossa vida outra vez e aprendemos a ser hoteleiros. As finanças ainda são um desafio diário. Aos poucos aprendemos e começamos a gostar da nossa nova vida.

Em 2002, Ernesto e Izaura não renovaram o nosso contrato e nos disseram que iam fechar o hotel. Eu voltei a Porto Alegre para procurar emprego e levei comigo os nossos dois filhos, que voltaram a estudar lá. Gelson estava desesperado e procurou Heather, que sempre levava grupos para o nosso hotel. Heather e dois amigos descobriram uma maneira de comprar o hotel e arrendá-lo para nós. Assim conseguimos retomar a nossa vida nesse santuário.

O nosso filho anda sem muletas agora e só tem de usar uma pequena tala na perna. Como a nossa vida financeira é apertada, tivemos de tirá-lo da escola de Direito aos 24 anos, mas ele é um atleta natural e um jogador competitivo no basquete em cadeira de rodas. Em 2005, entrou para o tênis em cadeira de rodas e foi um sucesso. Graças a Heather e ao patrocínio dos amigos dela, ele conseguiu treinar com um time holandês em São Paulo e viajou ao Chile para competir internacionalmente. Em virtude do seu talento, ele foi recrutado pela Associação de Desporto em Cadeiras de Rodas, fundada por Steve Dubener, um americano, e está agora treinando e recebendo uma bolsa de estudos deles para acabar a sua faculdade de Direito em São Paulo. Com os meus vinte anos de Casa, eu poderia encher um livro inteiro com histórias de curas milagrosas. Eu amo Abadiânia. Nós criamos aqui um verdadeiro lar.

▲

PORTAL PARA O DIVINO

Rosa Haritos

Em janeiro de 2004, eu estava me firmando como pesquisadora acadêmica numa das mais renomadas universidades dos Estados Unidos. Eu trabalhava com os maiores especialistas da minha área. A minha vida pessoal não tinha a mesma solidez: o meu casamento de onze anos estava em crise. Ondas de raiva, medo e desesperança me assolavam enquanto eu observava o meu marido aos poucos se fechar. Depois de três anos tentando a terapia convencional, resolvi tomar a difícil decisão de pedir o divórcio. E, no entanto, havia uma dor mais intensa, uma desconexão mais profunda de quase tudo em minha vida, um sentimento de "então é só isso que existe?" A minha jornada até João de Deus foi dupla: curar o trauma emocional causado pela possibilidade do meu divórcio e restabelecer a minha ligação espiritual com a vida.

Eu cheguei às sete e meia da manhã, numa quarta-feira. A Casa fervia com pessoas de todas as idades, cores e enfermidades. Havia cadeiras de rodas, muletas, criancinhas, ancião e pelo menos cinco idiomas diferentes sendo falados, além do português irradiado pelos alto-falantes. As pessoas formavam filas, ansiosas para serem atendidas por João de Deus. Eu me mantive de pé em silêncio, pequenas gotas de suor escorrendo pela nuca, olhos fechados, tentando compreender tudo aquilo.

Eu senti alguém me roçar de leve com a mão. Quando abri os olhos, vi um jovem em profunda meditação, prendendo a minha mão com firmeza entre as dele. Quase imediatamente, senti um choque elétrico transpassar o meu corpo. Ouvi uma voz falar em voz alta exatamente as mesmas palavras que ecoavam na minha mente: "O que era aquilo?" Abri os olhos, esperando ver alguém do outro lado, na minha frente, mas não havia ninguém. O homem que segurava a minha mão continuava concentrado em sua prece. Confusa, corri os olhos através da sala lotada até que o meu olhar foi atraído por uma jovem. Era como se tivéssemos literalmente ouvido os pensamentos uma da outra, acima de todo o barulho, embora isso me parecesse impossível. Aproximamo-nos uma da outra, nos demos as mãos, fechamos os olhos e nos concentramos na presença de algo maior do que nós, algo divino.

O restante da minha viagem foi repleto de outras experiências estranhas. Eu não conseguia explicar – dado o meu rigoroso treinamento científico. Tinha visões em tecnicolor com os olhos fechados e, enquanto estava sentada na sala da corrente, sentia mãos feitas de energia curvando o meu corpo, deixando-o repleto de luz e calor. Essas experiências não se limitavam ao terreno da Casa. Na quarta noite da minha estadia de duas semanas, senti uma presença no meu quarto, quando estava deitada na cama.

Senti como se duas mãos segurassem os meus tornozelos e os pressionassem para baixo com força. Pude sentir um calor abrasador e uma pressão subindo pelo meu corpo e, quando chegou aos joelhos, milhões de agulhas carregadas de energia incendiaram-se. A dor foi esmagadora, mas ela diminuiu assim que tive esse pensamento. A cada respiração, no entanto, as mãos continuavam a subir pelo meu corpo, pressionando-me de encontro à cama. Quando olhava para o meu peito, podia ver meu corpo se elevando a cada movimento. Via rajadas de uma luz radiante e sentia como se alguém estivesse colocando toda a minha coluna no lugar. Então senti uma mão dentro da minha boca, pressionando-a para cima, enquanto ondas de eletricidade pulsavam através dos meus dentes, gengivas e maxilares. Por fim, senti uma corrente de ar e a presença se foi. Na manhã seguinte, contei a minha história a Heather, que me assegurou de que era bastante comum que as Entidades fossem ao nosso quarto e trabalhassem em nós. Ela me disse para eu não me preocupar, mas confiar no processo.

Refleti sobre a minha vida enquanto estava na fila naquela manhã. Filha de imigrantes, cresci num lar cheio de dor e medo. No entanto, as minhas experiências pessoais foram bem diferentes – descobri que a vida era cheia de alegria e amor, e a abracei plenamente. Eu tinha paixão e um desejo de aliviar o mundo de todo o sofrimento. Mas, quando eu pensava no meu casamento, sentia um peso no coração e na alma. Sentia-me perdida e incompetente; incapaz de estreitar o abismo que me distanciara do meu marido. Por baixo da tristeza havia raiva, uma emoção que eu preferia ignorar. Quando essas emoções me dominavam, eu me lembrava de pedir ajuda para conseguir liberá-las, sem saber o que isso significava ou se seria possível.

Heather tinha me instruído a escrever o nome do meu marido numa folha de papel, junto com a data do nascimento. Eu não tinha trazido a fotografia dele, mas, quando me aproximei da Entidade, ela pegou gentilmente o papel da minha mão e segurou-o. Olhou nos meus olhos com amor e compaixão, dizendo, "Ele é um homem bom". Mais uma vez, senti como se alguém estivesse lendo os meus pensamentos, e sorri. A Entidade repetiu, "Ele é um homem bom", a que eu repliquei, "Eu sei, Pai, mas não posso mais viver com ele". Ela pegou a minha mão direita e começou a falar muito rápido em português. Heather disse, "Você não tem de fazer o que ela vai lhe dizer". Eu disse a Heather que estava muito grata pela cura que eu já recebera e faria qualquer coisa para aliviar a dor no meu coração. Mais uma vez, a Entidade disse, "Você não tem de fazer o que eu vou lhe dizer". Lembro-me de que fiquei confusa e impaciente, mas Heather explicou, "É uma questão de arbítrio. A Entidade vai lhe oferecer um conselho, mas você tem toda a liberdade para não segui-lo".

Eu olhei bem nos olhos da Entidade e disse, "Pai, por favor me diga". Heather traduziu, "Pegue três fotos suas e esteja aqui pela manhã, na fila das oito horas. Se fizer isso, eu poderei ajudá-la a ser muito mais feliz na sua casa". Lágrimas de gratidão escorriam-me pelas faces enquanto eu corria com Heather para um táxi e ela explicava ao motorista o que precisava ser feito. Ele me levou até Anápolis e acabei descobrindo numa pequena galeria uma lojinha que tirava fotos para passaportes. Voltei ao meu quarto de hotel naquela noite com as fotos na mão, cansada e insegura acerca do que me esperava na manhã seguinte.

Às oito horas da manhã, eu estava na fila para ver a Entidade, apertando as fotos nas mãos e cheia de esperança. Aproximei-me da Entidade e ela pegou as fotos. "São essas as suas fotografias?, perguntou.

"Sim, Pai", respondi.

Um sorriso. "São recentes?"

"São, Pai."

Outro sorriso. "Está certa?"

Vendo o meu crescente desconforto, Heather contou à Entidade sobre a minha ida a Anápolis. Mais uma vez, a Entidade me atraiu para mais perto e segurou a minha mão direita. "Agora eu darei a você o que prometi." Nesse momento, senti uma corrente de energia fluindo para a minha mão e a ouvi dizer, "A sua fé é forte e curou você". Eu fui, então, solicitada a sair da fila e instruída a me "sentar na sala da corrente". Foi simples assim – e complexo assim.

No último dia dessa minha visita à Casa, enquanto eu estava na fila para me despedir da Entidade, ela me disse que eu era Filha da Casa, um membro da família de médiuns da Casa, e me deu uma prescrição de ervas. Ao longo da minha estadia de duas semanas, eu não tinha me submetido a cirurgias nem recebido nenhuma prescrição de ervas, apenas instruções para me sentar nas salas da corrente. Eu não estava bem certa do que significava ser médium e, para ser bem franca, a própria palavra evocava em mim imagens de bolas de cristal e sessões espíritas. E, no entanto, pelo que pude presumir, os médiuns da Casa eram homens e mulheres de fé, sensatos, que se abriram para o Divino apenas se sentando em silêncio, oferecendo preces ou projetando a consciência pelo benefício de todos os que visitavam a Casa. O meu próprio conhecimento sobre saúde pautava-se na premissa do alívio dos sofrimentos. O *médium* com quem eu me sentia mais à vontade era a educação e a ação concreta. Talvez fosse a hora de contemplar o quadro maior. Recomendaram-me que tomasse as ervas e seguisse três regras: não consumisse carne de porco, bebidas alcoólicas e comidas apimentadas ou muito temperadas. "Simplesmente continue a viver como sempre", explicou Heather. Francamente, isso não fazia muito sentido, pois a vida que eu tinha não existia mais.

As coisas pareciam muito diferentes quando cheguei em casa. Na verdade, eu estava diferente. Fiz o possível para transmitir o que tinha acontecido comigo na Casa, mas foi difícil, porque eu mesma não estava certa. A raiva, o medo e a tristeza que eu sentia tinham sido substituídos por um sentimento de amplidão. Eu me sentia mais modesta graças à simplicidade da Casa, o seu ambiente amoroso e agradável. Agora eu me sentia pronta para analisar com mais franqueza a maneira como eu conduzira a minha vida até ali, com a intenção de abrir mão do que não combinava mais comigo. Eu me vi sendo arrastada para um mundo que eu não conhecia: visões ao longo do dia, a percepção de energias e de pensamentos e idéias que não eram minhas; e aquela familiar mão de energia nas minhas costas. Quando essas experiências foram ficando mais fortes, percebi que eu precisava de ajuda para desbravar esse novo mundo. Fiz um treinamento de imersão em xamanismo durante os dois anos seguintes, passei horas incontáveis aprendendo sobre o dom da mediunidade e a responsabilidade que acompanha o serviço ao próximo.

Volto à Casa todos os anos e espero continuar essa peregrinação não só por gratidão, mas também pela vontade de servir às outras pessoas que chegam ali para conhecer esse curador extraordinário. No verão de 2005, o meu marido fez uma visita de uma semana à Casa e também sentiu uma religação com o que ele chama de Divino. Temos nos esforçado bastante para salvar o nosso casamento e já fizemos progressos consideráveis – algo que nenhum de nós pensou ser possível. Ainda há muito a ser feito, mas estamos dispostos a fazer juntos, com amor e o apoio das Entidades da Casa.

Existe um ditado que nos diz para estudar o dedo que aponta para a Lua. Para mim, a Casa é esse dedo – um facho de luz que eu considero a minha casa, que aqueceu a minha alma e me propiciou um espaço seguro para eu me reconectar com a minha própria luz e despertar do meu sono profundo de indiferença. Aprendi que sempre que viver e agir de acordo com o coração, eu saberei agir da maneira certa.

▲

UMA SEGUNDA CHANCE
John Friesman

O sentimento de desdém tinha crescido dentro de John desde o dia em que o seu corpo se sentiu compelido a se purgar, dia após dia. Ele vivia com uma dor de cabeça constante e violenta. Não havia o que a aliviasse, e no curso de alguns meses John consultara o médico várias vezes. Depois de receber o diagnóstico de depressão e a prescrição de Prozac como se fosse a solução dos seus problemas, John finalmente descobriu um médico que o mandou ao Auckland Hospital, na Nova Zelândia, para fazer uma ressonância magnética.

John conta a sua história:

Recebi o maior choque da minha vida em julho de 1998. O médico que fez a ressonância pediu que eu aguardasse no corredor, enquanto ele dava uma olhada rápida no exame. Quando trouxe os resultados, notei que estava pálido. Explicou que em dezessete anos como médico, nunca tinha visto um tumor no cérebro tão grande quanto o meu.

Ele me mandou imediatamente para a sala de cirurgias, com a intenção de aliviar a pressão no meu cérebro. Durante a operação, implantou uma válvula no meu estômago, que ia da barriga até o cérebro, e outra no meu crânio. Eu me senti ótimo depois disso, mas os médicos me alertaram de que aquilo era só o começo. Eles precisavam "diminuir" o tumor, por causa do seu tamanho. Um outro procedimento, mais perigoso, foi feito dois dias depois. Isso significou uma cirurgia de dez horas e meia em que eles me perderam duas vezes. Ressuscitaram-me as duas vezes e depois fecharam o corte com apenas metade do tumor removido, pois era muito perigoso continuar. Como o tumor do tamanho de um ovo também tinha se infiltrado na minha primeira vértebra, eles removeram três vértebras para tentar remover as raízes. Deram-me doses massivas de radiação, depois me suturaram, aplicando grandes quantidades de esteróides.

Os médicos me dispensaram e me mandaram para casa, embora eu estivesse extremamente debilitado e gravemente doente. Eu tive dores de estômago fortíssimas no caminho de volta para a casa e parei quando vi o carro da minha ex-companheira. Ela disse que eu estava com uma aparência péssima e não deveria ficar sozinho. Eu não conseguiria sobreviver. Ela me levou para a sua casa, deitou-me na cama e cuidou de mim durante sete semanas. Eu tinha 66 úlceras pépticas. A essa altura eu tinha parado de comer e de beber. Não teria resistido se não fosse uma senhora, Rebecca Parks, que me visitou. Ela disse que eu não poderia continuar daquele jeito. Foi para casa e fez uma jarra de água de cevada.[20] Ela trouxe a bebida,

---

[20] Bebida revigorante para convalescentes, feita de cevada misturada com água e suco de limão.

aqueceu-a e, embora outros me dessem por um homem morto, ela ficou comigo o dia inteiro até que eu tivesse tomado todo o conteúdo da jarra. Gota por gota, ela despejou o líquido pela minha garganta. Depois disso, eu de fato me recuperei.

Estava em remissão fazia um ano. Durante esse período, ia ao Auckland Hospital, a cada três meses. "Tudo limpo", eles me diziam. "Vá para casa." Eu estava muito feliz comigo mesmo, até que numa dessas checagens o médico simplesmente olhou para o chão. Depois leu algumas estatísticas horripilantes. "Cinqüenta por cento das pessoas com o seu tipo de tumor morrem num espaço de cinco anos, mas você tem bem menos tempo do que isso." Ele me disse que o tumor estava se disseminando muito rápido pelo meu cérebro. Não podia mais ser operado e não havia nada que os médicos pudessem fazer por mim. Eu não consegui ouvir mais nada; saí correndo do hospital, aos prantos. Os médicos vieram atrás de mim, dizendo, "Johnny, ouça, podemos lhe dar morfina quando você não puder mais sair da cama". Essa era a última coisa que eu precisava ouvir.

Fui até um telefone e liguei para o meu pai. Eu disse, "Pai, estou morrendo". O meu pai é um holandês teimoso e durão. Ele disse, "Olhe aqui, garoto, não desista. Nós ligaremos para todos os hospitais do mundo, se for preciso, até que você encontre alguém capaz de ajudá-lo". Mas todos me deram a mesma resposta. Não havia realmente nada que pudessem fazer por mim. Num hospital de Melbourne, na Austrália, eles disseram que poderiam me usar como cobaia para testar alguns medicamentos novos, mas em um ano eu provavelmente estaria morto.

Eu não tinha a quem recorrer. Então recebi um telefonema de um senhor, Mr. Howard, da ilha de Great Barrier. Quando eu era criança e trabalhava num açougue, costumava levar carne para a família dele, quando vinham à ilha nas férias. Eu não o vira muitas vezes desde então. Ele me disse que tivera um sonho na noite anterior. "Disseram-me que eu deveria lhe mostrar algo." Ele estava com a filha em Auckland, e pediu-me para visitá-lo e ver o que era. Fiquei meio desconcertado, mas não tinha nada a perder, então voei para Auckland. Ele me mostrou um vídeo de João de

Deus. E eu me vi determinado a visitar esse curador. Só havia um número de telefone no vídeo. Era de um jovem que tinha sofrido um acidente em que tivera uma vértebra esmagada e procurara João de Deus, em busca de ajuda. Eu telefonei para ele. Ele me contou que só conseguia ficar de pé durante uma hora na sua primeira visita à Casa, alguns anos antes. Tinha sido totalmente curado. Estava indo surfar naquele dia e se sentia ótimo.

Isso fortaleceu a minha fé. Ele me deu o telefone de Bernadette Andrews, que levava pessoas da Nova Zelândia para ver João de Deus. A princípio, ela disse que não me levaria sem um aval dos meus médicos, mas eles não me deram. Bernadette fez a gentileza de perguntar às Entidades se eu deveria ir. Elas lhe disseram para fazer o que ela achasse melhor, então ela me trouxe na visita seguinte.

Naquele primeiro dia, dezessete pessoas do nosso grupo foram atendidas pela Entidade. Eu sentia tanta dor que andava na ponta dos pés. Não conseguia parar de chorar de dor. João de Deus entrou no palquinho à nossa frente. Havia centenas de pessoas à nossa volta, mas ele pareceu olhar direto para mim e caminhar na minha direção. Fiquei exultante. Pensei que seria curado, mas no último segundo ele virou para a direita e se aproximou de um brasileiro. Havia uma mulher segurando uma bandeja com alguns instrumentos. Ele pegou o bisturi e começou a raspar as pupilas do homem. Eu observei atentamente cada movimento. O homem não sentiu dor; nem se encolheu. Eu já trabalhei muito com motossera e sei o quanto uma farpa no olho pode incomodar. No entanto, ali estava aquele homem, sem mover um músculo. Eu fiquei chateado porque João de Deus não me atendeu. Mas, um pouco mais tarde, as Entidades marcaram a minha cirurgia para a manhã seguinte.

No dia seguinte, fui para a sala de cirurgias e esperei João de Deus. Quando ele entrou, primeiro rezou o pai-nosso. Eu estava de olhos fechados, com a mão direita na nuca. A cirurgia extrafísica tinha começado. O meu pescoço e a minha cabeça pareceram ficar um pouco mais macios sob a minha mão e eu senti como se houvesse borboletas embaixo da pele. Fiquei impressionado. Antes que eu soubesse, um dos ajudantes disse que eu poderia ir para casa, porque a minha cirurgia tinha terminado. Eu caminhei para fora e de repente percebi que estava andando sozinho, sem sentir dor. Disseram-me para voltar ao hotel e descansar durante vinte e quatro horas.

Quando saí do táxi, estava tão feliz por não sentir dor que dava pulinhos para ver se era verdade – justamente o que me alertaram para não fazer. Bernadette explicou, severa, que se tratava de uma "cirurgia de verdade", com possíveis suturas internas. Você ficaria pulando por aí se tivesse operado o cérebro num hospital?

Eu fiquei diante da Entidade outra vez, oito dias depois, para a revisão da cirurgia. Escrevi um bilhete agradecendo a João de Deus e às Entidades pela minha segunda chance de vida. Disseram para que eu voltasse quando me sentisse preparado. Ganhei peso e não tive dor de cabeça nem vomitei durante um ano. Mas, então, em julho de 2000 comecei a ter dores de cabeça outra vez. Voltei à Casa para uma segunda cirurgia e me disseram, posteriormente, que eu estava totalmente curado.

Voltei para casa e não tenho sentido dores desde então. Fiz uma ressonância magnética alguns anos atrás para verificar a cura. O meu médico, o Dr. MacDonald, ficou perplexo com os resultados. A massa do tamanho de um ovo tinha sido reduzida a uma protuberância dormente na base da nuca. O médico concluiu que eu não precisava de outro tratamento.

Eu conto a minha história para qualquer um que quiser ouvir. Mostro os vídeos como uma retribuição a João de Deus pela minha vida nova; e, se me pedem, estou disposto a ajudar qualquer pessoa a visitar esse curador maravilhoso.

▲

E OS DIAS ESCOAVAM
Barbara Ettleson

Em 27 de março de 2002, recebi o diagnóstico de câncer de mama, algo bem comum entre as mulheres dos Estados Unidos. O meu médico queria que eu fizesse uma dupla mastectomia; afinal de contas, eu tinha mamas fibrocísticas e era difícil conseguir uma leitura clara da mamografia. Eu estava em choque. O cirurgião me disse que eu tinha três dias para me decidir; estávamos numa quinta-feira. Na sexta, fui com o meu companheiro e uma amiga a um radiologista e a um oncologista. O oncologista me disse que a única saída era a cirurgia, acompanhada da radioterapia e da quimioterapia. "Nem pense em tomar ervas", ele disse. "Isso é câncer." O radiologista foi quem me deu mais esperanças e explicou como seria a radioterapia. O Methodist Hospital, em Des Moines, Iowa (EUA), não usava a biópsia de linfonodo sentinela como padrão de conduta, o que significava que todos os meus nódulos linfáticos passariam por um exame minucioso. Eu fiquei apavorada e em pouco tempo estava com depressão. E os dias escoavam.

Acordei sábado pela manhã lembrando-me de uma viagem da minha mentora espiritual a João de Deus, no Brasil. Eu liguei para ela e ela me incentivou a ir, dando-me o nome de uma pessoa que levava grupos para ver o médium. Ela me disse que essa mulher tinha acabado de voltar do Brasil e talvez não voltasse tão cedo, mas que eu deveria telefonar de qualquer maneira. Também me avisou que eu talvez tivesse de esperar ela me ligar de volta, mas não devia desanimar. Eu me despedi da minha mentora e liguei para Heather Cumming. Ela atendeu e me disse que voltaria ao Brasil em duas semanas para tratar de um assunto particular, mas teria o maior prazer em nos levar para ver João de Deus. Em duas semanas, nós tiramos os passaportes, vendemos uma casa e compramos outra e estávamos indo para o Brasil.

A bordo do avião, o tempo começou a passar mais devagar. A nossa peregrinação tinha começado. Levamos trinta horas para chegar à cidade onde João de Deus realizava curas milagrosas. Heather nos encontrou em Brasília e nos tomou sob os seus cuidados. Tínhamos vários dias para nos preparar para ver João de Deus. Essa foi uma viagem encantadora e terapêutica. Fizemos uma visita a uma igrejinha da velha Abadiânia, famosa por ter sido supostamente visitada por Maria; rezamos, conversamos e fomos recebidos com muito amor pelos espíritos da igreja. Meditamos na cachoeira da propriedade da Casa. Fomos saudados por muitos devas e, o que é mais incrível, uma cobra nos surpreendeu no caminho quando estávamos voltando da cachoeira, um sinal claro de transformação.

João de Deus disse para eu me preparar para a cirurgia e recomendou que eu ficasse algum tempo meditando sobre a cura de que eu precisava. A equipe da Casa me incentivou a me concentrar no amor e no perdão, enquanto meditava. A amabilidade do pessoal da Casa me ajudou a ficar concentrada, esperançosa e cada vez mais preenchida com uma sensação de calma e amor, à medida que chegava a hora da cirurgia. João de Deus me disse para voltar três vezes e me deu ervas para que eu tomasse nos intervalos entre as viagens. Voltamos três vezes e, na última visita, ele me considerou curada. Tive a honra de ser convidada a dar o meu testemunho a outras pessoas que também estavam ali para ver João de Deus e serem curadas.

Além do nosso trabalho espiritual no Brasil, o meu companheiro e eu mudamos a nossa alimentação. Trabalhamos com o Kushi Institute, em Beckett, Massachussets, e seguimos um regime austero. Depois nos matriculamos num curso de três anos de xamanismo na Foundation for Shamanic Studies. Sob a orientação de Sandra Ingerman, conseguimos muitas curas por meio do trabalho dela e de nossos colegas curadores.

Depois de voltar da minha terceira viagem ao Brasil, decidi fazer uma termografia para me certificar da saúde das minhas mamas. Eu fiz uma série desses exames num período de seis meses. No final desse período, o meu médico disse que a temperatura na região das mamas era tão baixa e constante que eu "deveria ter recebido um diagnóstico errado".

Nunca saberei se recebi ou não um diagnóstico errado. O que eu sei é que o amor, o perdão, um companheiro amoroso e dedicado, uma alimentação saudável e o apoio e a sabedoria dos espíritos funcionaram para mim. Cada pessoa tem o seu próprio caminho a seguir, e o meu não serve para todo mundo. Mas eu acredito que o câncer foi uma dádiva a mim concedida e que eu causei. E como fui eu que causei, só eu mesma poderia combatê-lo. Sou muito grata pelas minhas experiências e procuro todos os dias valorizar a dádiva de cura dos espíritos e daqueles que me acompanharam durante a jornada.

▲

DEPOIS DE TRÊS DÉCADAS DE SURDEZ
Barbara Brodsky

Fiz a minha primeira viagem à Casa em janeiro de 2004, com a esperança de que poderiam curar a minha surdez. Eu perdi a audição em 1972, logo depois que o meu primeiro filho nasceu. Durante o parto, os nervos não foram suficientemente oxigenados e perderam a vitalidade, deixando-me surda e sem equilíbrio. Os médicos dos Estados Unidos disseram que não havia cura. Durante décadas eu convivi com a situação, aprendendo a leitura labial e andando de bengala para não cair. Então alguém me mandou um material sobre a Casa e eu decidi ir.

O primeiro passo foi analisar a possibilidade de ouvir. Parecia maravilhoso, mas eu tinha de ser honesta comigo mesma. A surdez também era um refúgio contra os aborrecimentos. Se alguém ficava zangado, eu podia simplesmente desviar o olhar. Quando as notícias do mundo eram desagradáveis, eu podia parar de ler as legendas. Se os meus filhos faziam barulho, eu simplesmente olhava para o outro lado. Depois de três décadas de surdez, eu já tinha me acostumado a viver numa certa reclusão. Eu via a surdez como uma bênção em muitos sentidos, um deles era ter me levado a exercer a profissão da minha vida: ser professora de meditação. O que significaria voltar a ouvir? O que eu perderia com isso?

Os meses anteriores à primeira visita foram intensos, enquanto eu refletia sobre a intenção de me curar e o que a audição significava num nível mais profundo. Quando embarquei no avião para o Brasil, eu me sentia pronta. As Entidades disseram-me que provavelmente poderiam me ajudar. Levaria tempo e eu precisaria voltar outras vezes, mas era possível.

Três meses depois da minha primeira visita, sofri um terrível acidente em que fui arremessada contra o fundo do oceano por uma grande onda.

Fui tirada do mar inconsciente, à beira da morte. Estava com muitas fraturas, inclusive no rosto, e a minha visão foi gravemente afetada. Agora eu não era apenas surda, mas também cega de um olho e quase cega do outro, além de ter dores fortíssimas. Contudo, nesses momentos no oceano, eu tinha tomado uma decisão na minha vida. E o corpo se curaria; o meu pescoço e as minhas costas não tinham se quebrado, e eu sabia que essa era uma dádiva das Entidades. Eu as sentira comigo no momento do impacto. Concentrei-me na cura das fraturas e analisei o que significava optar pela vida e abraçá-la plenamente. Eu podia sentir a energia e o apoio das Entidades na minha meditação.

A minha viagem seguinte ao Brasil foi em fevereiro de 2005. Mais uma vez pedi que a minha surdez fosse curada e também a minha visão. Eu estava com uma visão 20/200 num olho e 20/100 no outro. Voltei para casa um mês depois com um olho com uma visão 20/20 e o outro com uma visão 20/50,[21] e uma grande gratidão pelo mundo que tinham me devolvido. Optando pela vida! Essa cura me levou de volta à questão: o que a cura significa? Não é só o corpo que é curado, mas também o karma e todo o meu relacionamento com o mundo. Ouvir e ver plenamente é ter total intimidade com o mundo. No entanto, todos nós nos protegemos, nos armamos de um modo ou de outro. Como professora de meditação, descobri que, para muitas pessoas, a maior dor que existe é a da separação. Nós nos separamos do mundo, daqueles que nos rodeiam e de nós mesmos.

O ano de 2005 também trouxe os seus desafios, pois o tratamento médico que fiz nos Estados Unidos mais uma vez diminuiu a minha visão. Quando voltei à Casa em janeiro de 2006, um olho estava quase cego e agora, dois anos depois da minha primeira visita, não houve nenhuma melhora na minha cura. Em 2005, a Entidade havia me pedido para comprar

---

[21] A pessoa com uma visão 20/200 (o limite da cegueira legal) vê a 6 metros o que uma pessoa com acuidade normal vê a 60 metros e a pessoa com visão 20/100 vê a 6 metros o que outra com visão normal vê a 30 metros. A visão 20/20 é considerada normal e a 20/50, moderada.

um conjunto completo de diapasões e ouvi-los perto do ouvido diariamente para "ouvir" as ondas sonoras e entoar as notas. Já sou uma especialista nisso agora e sou capaz de reconhecer as vibrações e cantar no tom. Quando se aproximava o dia de visitar a Casa, as dúvidas voltavam. Será que estou me iludindo? Será que devo desistir?

No início da minha visita em 2006, a Entidade me perguntou cheio de compaixão no olhar e no semblante, "Por que você gostaria de ver e ouvir?" Isso me levou de volta àquela minha primeira reflexão sobre permitir uma intimidade total com o mundo. Eu sabia que a Entidade não estava me propondo um desafio, mas sugerindo que eu aumentasse a minha clareza interior. O meu primeiro pensamento foi que eu gostaria de ouvir a beleza do riso de uma criança, a doce melodia de um riacho murmurante sobre as pedras, o sopro da brisa nas árvores, música; ver a beleza do arco-íris, um sorriso, gotas de chuva. Mas na mesma hora eu percebi que isso não era suficiente. Além de todos esses sons e visões havia também os desagradáveis e difíceis; os gritos terríveis de seres em agonia, o rugido de um maremoto ou da erupção de um vulcão, os prantos de dor, a violência de uma bomba detonada, os membros arrancados e voando pelo ar.

A princípio, eu disse, "Estou disposta a ver e a ouvir tudo". Então eu percebi que era preciso fazer uma retificação. Eu quero ver e ouvir tudo. Somente por meio da intimidade com o que alguns chamam de dez mil alegrias e tristezas, o coração realmente se abre. Só então começamos a conhecer a verdadeira compaixão. Será que eu posso dizer que quero ouvir e ver melhor para conhecer melhor a compaixão? Passei vários dias pensando nisso. Conclusão: não é compaixão, mas amor incondicional. Só o amor permite que fiquemos totalmente presentes para nós mesmos e para os outros; só o amor pode produzir mudanças. A compaixão é o caminho, e a intimidade e a presença andam de mãos dadas com a compaixão.

Haveria um lado *voyeur* no ouvir e no ver assim como no experienciar? Eu reconhecia que, em parte, havia: uma ambiçãozinha, a vontade de ganhar algo, de ser preenchido. Mas essa parte não estava disposta a ter intimidade com a dor, mas apenas a examiná-la de fora. A motivação tem de ser mais profunda, tem de vir daquela parte que aspira conhecer o amor incondicional e servi-lo por amor.

A pergunta da Entidade me levou a ver a destinação de maneira mais clara, a aspiração ao serviço e ao amor e a intenção de me abrir ainda mais para tudo. Então eu tive de me perguntar: eu preciso da visão e da audição físicas para atingir essa meta? Não. Então por que eu quero ouvir e ver? Foi então que o meu coração finalmente se abriu profundamente para a imensa tristeza do que tinha se perdido, o senso de limitação que eu desenvolvera por causa da perda da audição e da visão limitada.

Sinto serenidade agora, em algum nível. Mas também vejo como me retraí ao longo dos anos, com uma sutil atitude de despeito. Era um erro confiar nas verdadeiras possibilidades de ligação, confiar na capacidade de amar do coração e de encarar a dor com amor. A surdez era apenas o bode expiatório. Então o que era preciso para propiciar a cura? Não os olhos. Não os ouvidos. Mas a separação. Eu me abro para o que "sempre esteve curado", para aquilo que conhece a sua divindade, totalidade e perfeição inata.

Quando refleti sobre isso, a mesma questão veio à baila: por que eu quero ouvir e ver? Pela alegria! Não é só o ego que quer experiência. O amor convida à experiência de alegria por puro prazer. Essa intenção precisa ser valorizada, a intenção do amor de conhecer a si mesmo ainda mais profundamente. Eu vi a parte de mim que podia compreender um pouco e oferecer bondade e também a parte de mim que sentia vergonha por pedir para ouvir, pensando na audição apenas como uma sensação física. Ambos ainda surgem no ser humano. Deixei que ambas as partes existissem e me voltei para aquilo que buscava com alegria e amor.

Eu finalmente entendi que essa era a cura mais profunda, que as Entidades compreenderam essa necessidade muito antes de mim. Elas não provocaram o acidente com a onda, é claro. A nossa vida nos leva aonde precisamos ir, e uma experiência ou outra paralela virá. Mas elas me ajudaram a usar essa experiência para que eu deixasse de me armar de alguma maneira e me abrisse para o mundo e para mim mesma. Em sua sabedoria, elas não apenas "corrigiram" os sintomas exteriores, do que eu sabia que eram capazes, mas pediram para curar as feridas interiores.

Essa foi a primeira providência necessária. O meu olho melhorou e eu sei que a minha audição vai melhorar também. Este ano, elas sorriram quando demonstrei as minhas habilidades com o diapasão e disseram que o trabalho estava fazendo progressos. Estão trabalhando nos meus ouvidos. O mais interessante é que o que eu optei por ouvir, não preciso ouvir mais, porque eu ouço tudo por meio dos meus outros sentidos. As barreiras foram abaixo. Eu estou completa e ouvir será uma maravilhosa dádiva extra!

Heather comenta:

Em 14 de março de 2006, uma semana depois de Barbara voltar para casa, nos Estados Unidos, o Dr. Valdivino anunciou em voz alta para a corrente ouvir, "A sua amiga, a mulher que não ouve, eu a estou ajudando. Diga que estou cuidando dela".

Para saber mais sobre estas e outras histórias notáveis de cura, visite o site em inglês www.healingquests.com.

Posfácio

O nosso livro, concebido aos poucos sob a orientação e as bênçãos das Entidades, começou como um livro de testemunhos. Quando comecei a escrevê-lo, muitas vezes até às quatro da manhã, inspirada pelos Espíritos, era bem evidente que ele também seria um guia de viagem para os visitantes da Casa e uma breve descrição da vida do homem João de Deus. Já se disse muitas vezes que os véus entre os reinos espiritual e material são muito tênues em Abadiânia. Por isso os espíritos conseguem tocar a nossa vida de maneiras muito profundas e tangíveis. Aqueles que voltam das suas peregrinações muitas vezes nos cativam com as suas histórias de milagres extraordinários, que eles testemunharam ou ouviram a respeito. Esperamos sinceramente que este livro desvende alguns mistérios desse processo. Sabemos por experiência própria que as pessoas que viajam até a Casa receberam um chamado e o atenderam; elas cumprem solenemente o compromisso de avaliar a própria vida e restabelecer a ligação com o Divino. Essa pode ser uma tarefa assustadora, e às vezes as recompensas demoram a vir ou não são bem o que esperávamos. Então por que escolhemos viajar até a Casa e o que nos leva a voltar lá?

As Entidades nos dizem que pertencemos a uma única família espiritual. Elas nos amam, a todos, de maneira incondicional e sem fazer diferença entre nós. Na Casa de Dom Inácio de Loyola, os peregrinos se reúnem com a intenção de serem vistos, ouvidos e curados. Eles são testemunhas desse processo não só em si mesmos, mas também nas outras pessoas. É essa convergência de energias – essa disposição palpável para participar da cura do coletivo – que atinge os reinos espirituais das compassivas e amorosas Entidades. Elas também receberam um chamado e tornam a sua presença conhecida ao supervisionar a nossa cura individual e a cura do nosso planeta.

Nós agradecemos ao Médium João e à sua esposa Ana por permitirem a nossa intromissão em sua vida e por falarem candidamente conosco. À equipe da Casa, aos voluntários e a todos aqueles que nos contaram as suas histórias, deixamos aqui o nosso muito obrigada. E às amorosas e compassivas Entidades da Luz, queremos expressar a nossa mais profunda gratidão pelo seu amor e por apoiar o nosso projeto.

Nós o deixamos com as palavras do Médium João: "Deus é o Arquiteto do universo, a inteligência suprema. Deus está em todas as coisas o tempo todo. A minha mensagem a vocês é que pratiquem a caridade e o amor fraternal. Todos são bem-vindos aqui."

Somos todos abençoados pelas palavras das Entidades, que ecoam pelo mundo: "Fica na paz de Deus."

Se você se sentiu inspirado por este livro a visitar Abadiânia, saiba que não existe presente maior que possa dar a si mesmo do que uma peregrinação a esse lugar sagrado. Para as pessoas vindas de outros países, uma viagem de duas semanas, principalmente quando se trata da primeira visita, torna-se uma experiência muito mais enriquecedora na companhia de um grupo liderado por um guia. Testemunhar o processo de cura de outras pessoas e participar ativamente dessa dinâmica farão com que as diferenças e barreiras deixem de existir a ponto de, no final, não existir mais a "sua" ou a "minha" cura, mas a "nossa" cura, que nos leva a nos reconectar com aquilo que tem mais significado na nossa vida.

POSFÁCIO

Visite o site *www.friendsofthecasa.org* para obter informações mais detalhadas sobre os hotéis de Abadiânia e os guias oficiais da Casa. Para informações acerca das excursões à Casa com Heather Cumming ou para conhecer testemunhos mais atuais, visite o site *www.healingquests.com* ou *www.johnofgodtours.com*. Para informações atualizadas, inclusive a oportunidade de ver e comprar fotos dos espíritos, fotos das Entidades da sala da corrente, entrevistas em vídeo e outros produtos abençoados da Casa de Dom Inácio, visite o site *www.beyondword.com*. Para ver outras fotos de Karen Leffler, visite o site *www.spiritfotos.com*. Para obter mais informações sobre a Casa, visite o site em português *www.voluntarioseamigos.org*.

Para entrar em contato com a Casa de Dom Inácio de Loyola, telefone para (62) 3343-1254.

Agradecimentos

Estamos muito honradas e gratas pelo estímulo que recebemos das Entidades, que nos inspiraram e persuadiram com paciência. Agradecemos a João de Deus por incorporar esses espíritos com o propósito altruísta de ajudar outras pessoas – e por nos dizer que ele tinha "total confiança e fé" na nossa capacidade de escrever este livro. Também expressamos a nossa gratidão pelo Espírito Divino que habita em cada ser humano.

Aos nossos amigos e companheiros que compartilharam conosco as suas histórias, o nosso muito obrigada. "Shungo" – do nosso coração para o seu. Um agradecimento especial a Jenny Lauren, Janice Papolos e Judy Ostrow por nos estimularem a encontrar um editor. A Richard Cohn e Cindy Black, por dividirem conosco o seu sonho; aos editores Jessica Bryan, Henry Covi e Rosa Haritos – a nossa gratidão está além das palavras – e a Denise Delela, tradutora da edição brasileira, publicada pela Pensamento-Cultrix. Também agradecemos àqueles que compartilharam conosco as suas lágrimas de alegria e de medo: JoAnn Wolff, Barbara Conetta, Veronica Willson, Maureen Adler, Pam Garner, Trudy Griswold, Linda Hooper, Denise Gross, Susan Grunebaum, Jane Brown, Nancy Cingari, Lucy

Walker, Eileen Karn, Martin e Fernanda, Bill Walker, Maninho e Lúcia, Gelson e Neusa, Nancy e Kathy, Donna Whittaker, Mignon Lawless e Anthony Smokovich.

A Cokie Lewis, Pat, Barbara, e Sandra Ingerman, mestra e mentora; a Sebastião, o nosso bondoso guia; e a todos os outros que tocaram o nosso coração, muito obrigada. Karen agradece aos filhos de Heather pela profunda alegria que eles lhe deram. Heather quer deixar aqui o seu agradecimento especial aos filhos, Sasha e Ben – o amor, apoio e estímulo de vocês são tudo para mim. Obrigada por me escolher como a sua "mumma" e me aceitar incondicionalmente com todas as minhas manias e idiossincrasias. Vocês são meus professores. *Te amo para lá de todas as luas! Dan, obrigada, Senhor!*

Bibliografia e leituras recomendadas

BIBLIOGRAFIA

Bragdon, Emma. *Kardec´s Spiritism: A Home for Healing and Spiritual Evolution*. Woodstock, Vt.: Lightening Up Press, 2000.

Brodsky, Barbara. *Presence, Kindness and Freedom*. Ann Arbor, Mich.: Deep Spring Press, 2003.

Butler, Alban. *Lives of the Saints*. Collegeville, Minn.: Liturgical Press, 2003.

Carman, Philip. *Ignatius Loyola*. Nova York: Harper & Row, 1990.

Coleridge, Henry James. *Life and Letters of St. Francis Xavier*, Londres: Burnes and Oates, 1876.

Emoto, Masaru. *The Secret Life of Water*. Nova York: Beyond Words Publishing/Atria Books, 2005. [*A Vida Secreta da Água*, publicado pela Editora Cultrix, SP, 2006.]

Garcia, Ismar Estulano. *Curas Espirituais*. Goiânia, Brasil: AB Editora, 2006.

Goswani, Amit. *Physics of the Soul*. Charlottesville, Va.: Hampton Roads Publishing, 2001.

_____. *The Quantum Doctor: A Physicist's Guide to Health and Healing.* Charlottesville, Va.: Hampton Roads Publishing, 2004. [*O Médico Quântico*, publicado pela Editora Cultrix, SP, 2006.]

_____. *The Self-Aware Universe: How Consciousness Creates the Material World*. Nova York: Putnam's Sons, 1993.

Hicks, Esther. *The Amazing Power of Deliberate Intent*. Carlsbad, Califórnia: Hay House, 2005.

Ignatius of Loyola, Saint. *The Spiritual Exercises of Saint Ignatius*. Nova York: P J. Kenedy, 1963.

Ingerman, Sandra. *Medicine for the Earth: How to Transform Personal and Environmental Toxins*. Nova York: Three Rivers Press, 1994.

Kardec, Allan. *The Book of Mediums*. Nova York: Samuel Weiser, 1970.

_____. *Genesis*. Nova York: The Spiritist Alliance for Books, 2003.

_____. *The Gospel Explained by the Spiritist Doctrine*. Filadélfia: Allan Kardec Educational Society, 2000.

_____. *Heaven and Hell*. Nova York: The Spiritist Alliance for Books, 2003.

_____. *Le Livre des Esprits*. Paris, França: Elibron Classics Edition, 1861.

_____. *The Spirit's Book: Inspiration and Resolution for the Questioning Soul*. Filadélfia: Allan Kardec Educational Society, 2003.

Kardec, Allan, e Emma A. Wood. *Experimental Spiritism: Book on Mediums, or a Guide for Mediums and Invocators*. Whitefish, Mont.: Kessinger Publishing, 1874.

Korngold, Jussara, e Marie Levinson, trad. *Endearing Gems from Francisco Cândido Xavier*. Nova York: Spiritist Alliance for Books, 2005.

MacKenzie, Kenneth R. H. *The Royal Masonic Cyclopaedia of History, Rites, Symbolism, and Biography*. Nova York: J. W Bouton, 1877.

McGregor, Pedro. *Jesus of the Spirits*. Nova York: Stein and Day, 1967.

O'Malley, John W. *The First Jesuits*. Cambridge: Harvard University Press, 1993.

BIBLIOGRAFIA

Pellegrino-Estrich, Robert. *The Miracle Man: The Life Story of João de Deus*. Goiânia, Goiás: Gráfica Terra, 2002.

Povoa, Liberaro. *João de Deus Fenômeno de Abadiânia*. Anápolis, Goiás, Brasil: Múltipla Gráfica e Editora Ltda., 1994.

RavenWing, Josie. *The Book of Miracles: The Healing Work of João de Deus*. Bloomington, Ind.: AuthorHouse, 2005.

Roberston, Elizabeth, e Elias Amidor. *Life Prayers from Around the World*. Nova York: HarperCollins, 1996.

Savaris, Alfredina Arlete. "Curas Paranormais Realizadas por João Teixeira de Faria." 1977, tese de pós-graduação, Universidade Dr. Bezerra de Menezes, Curitiba.

Sicardo, Joseph. *St. Rita of Cascia: Saint of the Impossible*. Rockford, Ill.: TAN Books, 2003.

Spalding, Baird T. *Life and Teaching of the Masters of the Far East*. Marina del Rey, Califórnia: DeVorss Publications, 1927. [*Vida e Ensinamentos dos Mestres do Extremo Oriente*, publicado pela Editora Pensamento, SP, 1996.]

Xavier, Francisco Cândido, [pelo espírito de André Luiz]. *And life Goes On...*. Filadélfia: Allan Kardec Educational Society, 2000.

_____. *Nosso Lar: A Spiritual Home*. Filadélfia: Allan Kardec Educational Society, 2000.

SITES

Para mais informações sobre a Fundação Oswaldo Cruz, visite o site www.fiocruz.br.

Para mais informações sobre o Espiritismo, visite o site do Spiritist Group of New York, www.sgny.org.[22]

---

[22] Ou, em português, o site da Federação Espírita Brasileira, www.febnet.org.br, que contém as obras básicas do Espiritismo digitalizadas. (Sugestão do editor brasileiro)

Para mais informações sobre Bezerra de Menezes, visite o site www.franciscodeassis.org.br/bio.php.

Para ler um artigo sobre a história da Fundação Oswaldo Cruz, escrito pelo seu presidente, Paulo Buss (*The Oswaldo Cruz Foundation: 100 Years*, TDR News 65, 2001), visite o site www.who.int/tdr/publications /tdr-nwes/news65/oswaldo-cruz.htm.

Para mais informações sobre Francisco Cândido (Chico) Xavier, visite o site www.chicoxavieruberaba.com.br/biografia.htm.

Nota dos Editores: As deturpações vistas em algumas fotos não são um efeito produzido por uma câmera fora de foco, mas, na verdade, "energia espiritual" captada pela câmera. Para ver toda a série de fotografias espirituais da Casa, consulte o site www.beyondword.com.

João de Deus, João Teixeira de Faria, nasceu em Cachoeira da Fumaça (agora Cachoeira de Goiás), em Goiás, Brasil. Essa é uma das primeiras fotos de João, aos 17 anos, quando iniciou a sua missão espiritual.

O Médium João, com trinta e poucos anos, levando a mãe, Dona Iuca, à igreja. Ele era muito dedicado à mãe.

Ana Keyla Teixeira Lorenço, a esposa do Médium João, dedica a sua vida a apoiar o marido, a sua missão e à Casa.

O Médium João come melancia e bebe água de coco num quiosque à beira da estrada, na sua cidade natal, Itapaci, a quatro horas de Abadiânia.

A casa onde o Médium João morou na infância.

O Médium João passando suas roupas em sua casa, em Anápolis.

O Médium João consertando e costurando roupas de Ana na máquina de costura que ele recuperou depois de tê-la vendido 35 anos antes.

Os jardins tropicais luxuriantes da Casa, onde os visitantes meditam em meio a tranqüilo cenário.

Vista da Casa, onde os visitantes apreciam o pôr-do-sol e ouvem o canto dos pássaros.

A pedido do Dr. Augusto de Almeida, a cachoeira sagrada, Cachoeira de Lázaros, perto da Casa, foi fotografada apesar do protocolo de "não fotografá-la", para que todos pudessem ver a sua energia radiante.

A cadeira da Entidade, onde o Médium João incorporado se senta, diante da qual milhões de pessoas já passaram em fila para receber tratamento.

O Médium João segura a mão de Martin enquanto incorpora o ser que usará o seu corpo para cura.

Durante a incorporação da Entidade, o corpo do Médium João começa a estremecer à medida que a consciência deixa o corpo e a Entidade incorpora, pronta para realizar curas na sessão do dia.

O Dr. Augusto reparou que essa foto espiritual "mostra o poder desse cristal, que foi escavado de uma mina a doze metros de profundidade".

Heather Cumming traduz para o Médium João e uma visitante da Casa, com um bebê no colo. Essa foto não está fora de foco; ela capta as espirais de energia usada para a cura.

O triângulo no Salão Principal onde as pessoas pousam a cabeça, rezam e colocam mensagens e fotos. Quando os visitantes pousam a cabeça no triângulo, podem sentir o céu tocando a terra à medida que um portal se abre e a luz irradia.

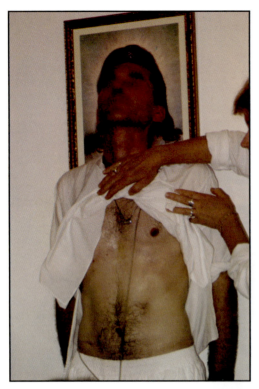

Essa é a primeira de uma série de três fotografias que registram a energia se fazendo presente ao longo da cirurgia. Nesta foto, a cabeça do homem cobre o rosto de Jesus quando Heather levanta a camisa dele, preparando-o para a cirurgia.

Quando a Entidade começa o procedimento cirúrgico, uma luz amarela se irradia da pintura de Jesus, atrás do paciente.

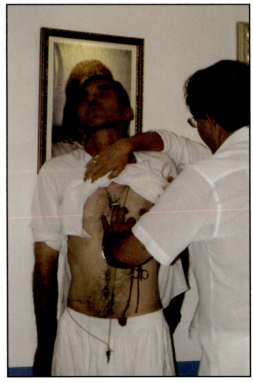

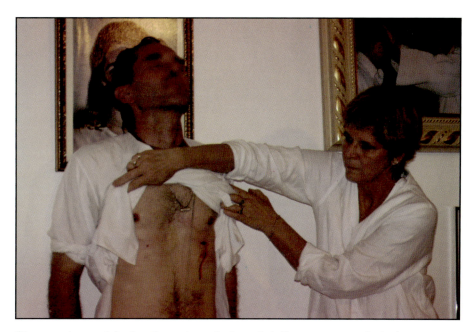

Observe a luz por trás da cabeça do paciente, cujo brilho aos poucos diminui quando a cirurgia é concluída.

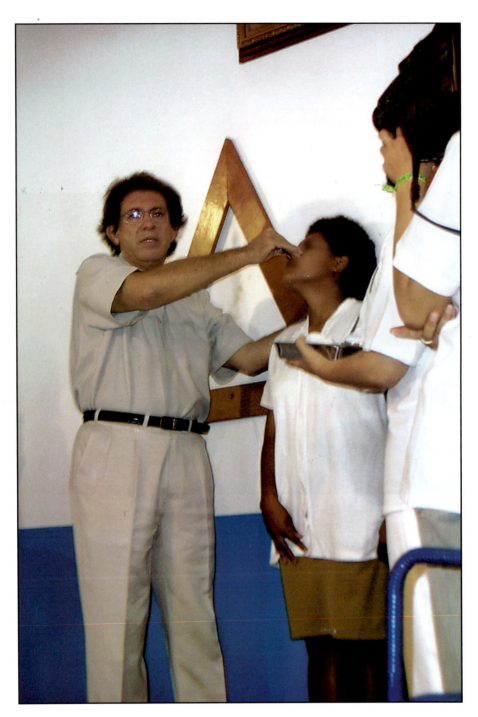

A expressão calma da paciente indica que ela não sente dor, embora a Entidade tenha acabado de inserir uma pinça no nariz dela. A pinça havia sido embrulhada em gaze e mergulhada na água fluidificada.

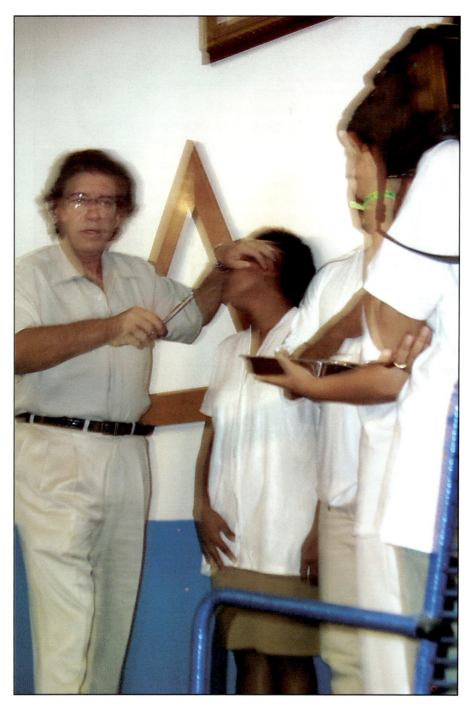

Quando a pinça é removida, pode-se ver a luz irradiando da cabeça e das mãos da Entidade. As entidades confirmaram que mais de nove doenças podem ser tratadas com esse tipo de procedimento.

Francis Xavier lava as mãos do médium depois da cirurgia. Muitas vezes o sangue desaparece antes que haja tempo para que ele lave as mãos.

A Entidade Dr. Augusto concentrada no trabalho.

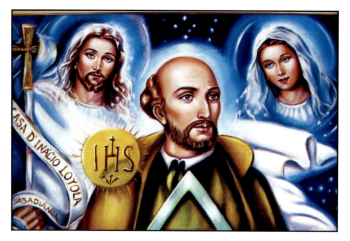

A pintura de Dom Inácio, da autoria de Sirlei Lerner, está pendurada acima da cadeira da Entidade. Veja a história de Sirlei no Capítulo 10.

Esta pintura mostra a aparência do Dr. Augusto de Almeida numa vida passada. Ele fez a transição para o mundo espiritual em 1908. Ver Capítulo 9, sobre "O Espiritismo e as Entidades".

Aproximadamente 2.500 pessoas aguardam para consultar a Entidade em Atlanta, Georgia, nos Estados Unidos, em abril de 2006.

A sala da corrente da Entidade em Atlanta, Georgia, onde as pessoas sentadas recebem e doam energia para cura.